本书出版得到了中国博士后科学基金第58批面上项目"基于个人信息世界理论的城市图书馆体系化服务模式研究"（项目编号：2015M580763）和国家自然科学基金项目"基于共词分析的科学计量信效度研究"（项目编号：71563042）的资助

公共图书馆体系化服务

六论

周文杰◎著

中国社会科学出版社

图书在版编目（CIP）数据

公共图书馆体系化服务六论／周文杰著．—北京：中国社会科学出版社，2017.3
ISBN 978-7-5203-0245-6

Ⅰ.①公… Ⅱ.①周… Ⅲ.①公共图书馆—图书馆服务—研究 Ⅳ.①G258.2

中国版本图书馆 CIP 数据核字（2017）第 076362 号

出 版 人	赵剑英	
责任编辑	孙 萍 马 明	
特约编辑	胡新芳	
责任校对	任晓晓	
责任印制	王 超	

出 版	中国社会科学出版社	
社 址	北京鼓楼西大街甲 158 号	
邮 编	100720	
网 址	http://www.csspw.cn	
发 行 部	010-84083685	
门 市 部	010-84029450	
经 销	新华书店及其他书店	

印 刷	北京明恒达印务有限公司	
装 订	廊坊市广阳区广增装订厂	
版 次	2017 年 3 月第 1 版	
印 次	2017 年 3 月第 1 次印刷	

开 本	710×1000 1/16	
印 张	11.5	
插 页	2	
字 数	168 千字	
定 价	49.00 元	

序　言

　　本书的写作，缘起于我在博士阶段的学习和研究，成型于博士后即将出站之际。在博士论文的选题中，我曾在几个潜在的研究方向之间犹豫、纠结。那时，适值我的导师于良芝教授刚刚完成一项国家自然科学基金项目，正在对她所发展的"个人信息世界"理论进行系统总结。在一次专题讨论中，于老师和课题组其他几位成员都不约而同地想到了关于个人信息世界的测度问题。显然，对个人信息世界进行测度，不仅有利于获得对于信息贫富分化现象的整体性认识，对于准确把握图书馆用户信息行为的特征也具有重要意义。这个问题引起了我浓厚的兴趣。于是，在于老师的指导下，我开始把兴趣转向个人信息世界的测度及据此对信息分化的解读方面。

　　2012年3月，受李东来馆长的邀请，我到东莞图书馆参与中国图书馆学会2012年度年会的筹备工作。由此开始，我开始深度参与东莞图书馆的日常工作，从而全面接触到了公共图书馆工作的方方面面。由于当时我的身份是一名博士生，李东来馆长和东莞图书馆领导班子决定给我一个"信息总监"的头衔，以方便参与日常工作。博士毕业后，我任教于西北师范大学，但仍然没有中断与东莞图书馆的联系，陆陆续续地参与了东莞图书馆主持的多项纵向、横向项目。2015年，中山大学资讯管理学院在东莞图书馆设立了博士后创新实践基地，我很荣幸地成为第一位入站的博士后。由于博士阶段的研究已经证实了城市居民中广泛存在的贫富分层化现象，在博士后阶段的研究选题中，我不由得想把个人信息世界理论公共图书馆服务体系具体的业务活动关联起来。本书作为我博士后阶段研究成果的系统总结，恰恰是为了站在信息社会立场，对公共图书馆职业相关的理论与实践问题进行解析。本书以"六论"为名，便是为了从六个方面对信息社会背景下公共图书馆及其服务体系有关问题展开讨论。这六个方面，既有理论解读，也有实践案例；既有笔者基于思考分析而提出的若干观点，也有深入图书馆服务的具体情境而展开的实证研究。本书中的部分内容已经作为学术论文得以发表，部分内容正在作为学术论文进行投稿，另外的部分内容则被作为研究结论归纳到相关课题的结题报告之中。

博士阶段的研究中，我既注意到了信息社会背景下用户信息行为的深刻变化，也目睹了公共图书馆所面临的迫在眉睫的全面转型。二者之于我的冲击，使得我不得不沿着"用户中心"的思路，重新整合关于图书馆职业的理解与认识。确切地说，每当想到深刻理解用户的信息行为之于信息社会背景下的公共图书馆职业活动是如此重要，我不禁立刻想站在用户中心的立场上，竭尽全力地解读公共图书馆及其服务体系之于信息社会中的公民到底意味着什么。个人信息世界理论对于信息贫富分化现象的强有力解释，教育学中所阐发的基于公共图书馆促进个体教育进展的相关理论和心理学中关于个体学习过程与信息组织及服务的紧密关联成为我基于用户中心理解公共图书馆及其服务体系基本职能的抓手。最终这篇文章以《走向用户中心：公共图书馆体系对个体发展影响的理论解读》而成形，也构成了本书之"一论"，即"探寻理论基石——用户中心视角下的公共图书馆服务体系基本功能"。

本书之"二论"所关注的是公共图书馆体系如何基于用户的信息贫富状况而展开服务的问题。这一部分的主体是发表于《中国图书馆学报》2015年第4期的学术论文，题为《公益性信息服务能够促进信息公平吗？——公共图书馆对信息贫富分化的干预效果考察》。

本书之"三论"以社会阅读活动为例，考察了超越部门区隔而开展公益性信息服务的必要性及效益。这一部分的主体是发表于《图书馆》2015年第1期的学术论文《社会性公共文化联动对于信息贫富分化的干预效果研究——来自东莞社会阅读调查的证据》。

本书之"四论"旨在对图书馆标准规范体系构建研究的理论依据、参照指标与建设基础进行解读，这部分的主体已发表于《图书与情报》2016年第2期。

本书之"五论"以东莞图书馆为案例，对公共图书馆实施卓越绩效管理的主要模块进行了系统解读。这一部分以东莞图书馆所承担的广东省社会科学研究项目《公共图书馆卓越绩效管理标准化研究》的结题报告为蓝本，以这一课题的阶段性成果——东莞图书馆课题组在《图书馆建设》2013年第7期上发表的一组研究论文为基础。这些论文包括：李东来、奚惠娟撰写的《图书馆卓越绩效管理的驱动——领导力与战略管理》，冯玲、张利娜撰写的《卓越绩效模式下的图书馆创新研究》，李正祥、杨晓伟撰写的《关注组织和个人的学习——东莞图书馆人力资源建设实践与思考》，莫启仪、钟敬忠撰写的《以需求为导向的卓越绩效管理——东莞图书馆以用户为中心的服务实践》，杨累、赵爱杰撰写的《基于事实的管理——东莞图书馆绩效评价与过程管理的实践思考》。2014年，受《公共图书馆卓越绩效管理标准化研究》课题组的委托，我以阶段性研究成果为基础，主笔撰写了该课题的结题报告。"五论"就是在上述研究论文和研究报告基础上形成的。

本书的最后一部分是对信息社会问题研究进展的述评。本部分旨在将公共图书馆服务体系的职业行为置于信息社会的背景下，从社会深刻转型的视角对图书馆服务相关问题提供启示。

综上所述，本书以"六论"之名，探讨了公共图书馆服务体系六个方面的理论与实践问题。这六论之间，用户中心是贯穿始终的基本线索，个人信息世界则是"六论"得以成立的基本理论支撑。从这个意义上说，本书虽曰"六论"，实则只有一个主题，即站在用户中心的立场上，透过个人信息世界的理论视角，探讨信息社会背景下公共图书馆服务体系职业活动的特征和本质。值得强调的是，本书所述的是"公共图书馆服务体系"（或"公共图书馆体系化服务"）。这是因为，在社会信息化程度日益加深的今天，作为公益信息服务的提供者和社会信息公平的保障者，公共图书馆的服务活动早已不再局限于单个图书馆之内，更不能被局限于纸质书本的阅读服务。基于此，本书为面向信息社会的公共图书馆给予了一个"工作定义"。公共图书馆服务体系（或体系化服务）指在作为信息公平保障的社会性制度安排公益信息服务平台上，实体或虚拟的公共图书馆以各种形式独立或联合开展的各种类型的信息资源提供与服务活动。这不是一个试图揭示信息社会公共图书馆本质的理论定义，更不是一个能够将现实情境下的公共图书馆服务形式"一网打尽"的定义。这个定义只是宽泛地界定了信息社会公共图书馆服务的边界，以适应于本书的"六论"。

尽管有着揭示信息社会背景下公共图书馆服务活动本质的热情，但限于水平，本书肯定还有诸多不完善乃至错漏的地方。为此，我愿以最谦卑的心态，诚恳地接受来自专家、同行、读者的评点。如果本书的出版，竟能多多少少地对图书馆职业的理论发展与实践活动提供一些有益的启示，则幸莫大焉。

周文杰

2016 年 7 月 16 日于西北师大

目　录

一论　探寻理论基石

四论　构建标准体系

一论　探寻理论基石

——用户中心视角下的公共图书馆服务体系基本功能

一　引言

21 世纪以来，随着我国文化事业的快速发展，公共图书馆建设也取得了显著成效。公共图书馆服务体系建设已成为近年来我国图书馆事业发展中最亮丽的一道风景。公共图书馆服务体系是指一个国家或地区的公共图书馆独立或通过合作方式提供的图书馆服务的总和。从基础设施架构的角度看，公共图书馆服务体系包括所有实体图书馆、流动图书馆以及它们建立的馆外服务点、图书馆联盟、总分馆系统、区域性服务网络等服务平台。[①]

公共图书馆服务作为一种由财政支撑的公共产品，其长久的生命力源于其在实现基本功能的前提下，以最小的公共财政支出实现最大的服务效益。[②] 21 世纪以来，我国公共图书馆界致力于开展服务网络体系建设、总分馆建设、向基层延伸等工作，与体系建设相关的研究问题也得到了研究者的广泛关注。[③] 近年来，仅在《中国图书馆学报》上发表的公共图书馆服务体系相关学术论文已达十数

[①]　邱冠华、于良芝、许晓霞：《覆盖全社会的公共图书馆：模式、技术支撑与方案》，北京图书馆出版社 2008 年版，第 3 页。

[②]　同上。

[③]　于良芝：《公共图书馆研究》，《中国图书馆学报》2008 年第 2 期，第 73、79—80 页。

篇之多，涉及了公共图书馆服务体系的模式及其构建（如，于良芝等[①]、李超平[②]，熊伟等[③]）、管理机制（如，梁欣[④]）、资源建设（如，肖希明等[⑤]）等诸多问题。然而，通过文献调查发现，尽管我国图书馆界对服务体系建设问题从理论和实践两个方面都给予了足够关注，但迄今为止，很少有研究者从用户中心的视角，对公共图书馆体系的职能及其理论属性进行系统考察。

从用户中心视角考察公共图书馆体系的功能具有独特而重要的理论和实践意义。一方面，在"后现代性"的语境下，用户的信息行为发生了深刻的变化，个性化信息服务越来越成为信息服务机构提高服务效率与质量的基石；另一方面，社会信息化程度逐步加深，使得公共图书馆和用户都面临着相似的机遇与挑战，表现为：在用户对信息的依赖程度空前扩大的同时，对信息源选择的范围也大大拓展，从而使公共图书馆体系在获得了深度参与用户的信息获取过程的机遇的同时，也面临着被其他信息源所取代的挑战。基于此，本部分旨在从多学科视角入手，对图书馆及其服务体系之于用户个体发展的影响进行解读，以期为公共图书馆体系理论研究的深化和服务工作的推进提供可资借鉴的参照。

二　公共图书馆体系的信息减贫职能

20 世纪 90 年代以来，随着信息通信技术（ICT）的扩散和互联

---

① 于良芝、邱冠华、许晓霞：《走进普遍均等服务时代：近年来我国公共图书馆构建研究》，《中国图书馆学报》2008 年第 3 期，第 31—40 页。

② 李超平：《中国公共图书馆"嘉兴模式"研究》，《中国图书馆学报》2009 年第 6 期，第 10—16 页。

③ 熊伟、索新全、陈碧红等：《西部地区公共图书馆"馆点线制"服务体系建设研究——以宝鸡市公共图书馆建设的制度设计为例》，《中国图书馆学报》2013 年第 4 期，第 16—25 页。

④ 梁欣：《我国公共图书馆建设：治理模式研究》，《中国图书馆学报》2009 年第 6 期，第 17—24 页。

⑤ 肖希明、张新兴：《公共图书馆中文献资源建设探讨》，《中国图书馆学报》2011 年第 6 期，第 4—10 页。

网的普及，"数字鸿沟"、"数字不平等"等问题日益受到人们的关注，信息贫困的问题日益凸显。加强对信息贫困的治理，促进信息公平，已经成为各国政府的一项重要责任。

公共图书馆对于促进个体信息的富裕化一直承担着重要职责。这种职责一方面源于公共图书馆作为一种社会设计的信息空间，其主要业务活动是信息的提供与服务；另一方面，促进社会的和谐、包容、平等也是公共图书馆的一项基本使命。随着社会信息化程度的加深，图书馆事业相对发达的英、美等国率先对图书馆职业在数字化时代应承担的使命进行了阐释，公共图书馆促进社会和谐、包容和平等的社会使命这一"旧"价值被赋予了信息时代的新含义，[①]把促进个体的信息富裕化，实现信息公平作为图书馆职业基本价值追求的理念进一步得到强化。[②] 有研究表明，当人们在其信息获取的范围内缺失了公共图书馆等优质信息源时，信息贫困发生的可能性更高。[③] 研究者认为，这种现象不仅体现在图书馆这种组织化的信息源本身作为一种优质信息源的物理存在方面，更重要的体现是，组织化的信息源已经附加了一定的认知建构的努力（如图书馆对信息资源的整序），因此可能使其用户以更小的认知努力而获得更大的信息收益。正是由于这个原因，无法获取图书馆等组织化信息源，使得在某个群体（如农民）中相对信息相对"富裕"的个体，与其他人群（如专业研究者）相比，仍处于相对信息贫困的境地。

迄今为止，研究者已从多个理论视角对信息贫困发生的原因与机理进行了解读，从而为公共图书馆参与信息贫困的治理提供了一定理论启示。如信息政治经济学、社会排斥理论、扩散理论、小世界理论、社群信息学、意义建构理论等诸多学说都对公共图书馆的业务活动设计与评估产生过启示。于良芝等通过对20世纪中期以来

---

① Dalton M. S., "Ole Values for the New Information Age", *Library Journal*, Vol. 125, No. 18, 2000, pp. 43-47.

② Kerslake E., "Kinnell M. Reviewing the Literature on Public Libraries and Social Inclusion", *Libri*, Vol. 48, No. 1, 1998, pp. 1-12.

③ 周文杰、闫慧、韩圣龙：《基于信息源视野理论的信息贫富分化研究》，《中国图书馆学报》2015年第1期。

信息贫困相关理论的综述与分析发现，社会结构和能动性的分歧贯穿于信息不平等的研究之中，如果图书馆情报学领域的理论构建更贴近现实，这些理论能够对政策的制定和问题的解决产生更强的指导意义，那么，跨越结构与主体能动性之间的理论鸿沟，对信息贫富分化现象做出整体性的解释，是一个非常值得尝试的理论转向。① 基于这种认识，于良芝提出了个人信息世界的理论模型，并展开了一系列实证研究。

所谓个人信息世界，是指个人作为信息主体（information agent，即信息生产、传播、搜索、利用等行为的主体）的活动领域，具有内容、动力和边界三个要素。② 个人信息世界的内容包括各类信息源和信息资产。时间、空间和智识（intellectual sophistication）三个维度共同划定了个人信息世界的范围，从而决定其大小。此外，个人信息世界的动力性体现在个人作用于信息源而开展信息实践，借此获得不同于经济活动和社会文化活动的经历。在经验研究的基础上，于良芝等开发了个人信息世界的测量工具，并对信息主体的个人信息世界进行了测度，③ 从而获得关于个体信息贫富程度更全面的认识。

周文杰应用个人信息世界测量工具，以东莞地区的公共图书馆为案例，对 2789 位成年人进行调查研究表明，公共图书馆对于信息贫富状况不同的人群均有明显作用。这一研究确认了如下事实：公共图书馆的存在与其用户个人信息世界的丰富化之间存在着良性的互动，这种良好互动的存在不仅满足了信息富裕者的信息需求，也从一定程度上有助于信息贫困者走出信息贫困。④

---

① 于良芝、刘亚：《结构与主体能动性：信息不平等研究的理论分野及整体性研究的必要》，《中国图书馆学报》2010 年第 1 期，第 1—12 页。

② 于良芝：《"个人信息世界"——一个信息不平等概念的发现及阐释》，《中国图书馆学报》2013 年第 39 卷第 1 期，第 4—12 页。

③ Liangzhi Yu, Wenjie Zhou, Binbin Yu, Hefa Liu, *Towards a Comprehensive Measurement of the Information Rich and Poor: Based on the Conceptualization of Individuals as Information Agents*, Journal of Documentation, in Press.

④ 周文杰：《公益性信息服务能够促进信息公平吗？——公共图书馆对于信息贫富分化的干预效果考察》，《中国图书馆学报》2015 年第 41 卷第 4 期，第 40—54 页。

在社会信息化程度加深的背景下，保障信息贫富状况不同人群的信息权利已成为国家和社会的基本责任。对于已经在信息分化中处于有利一端的人群而言，国家和社会有义务为其提供优质的信息空间，以满足其多样的信息需求。对于在信息分化中处于不利一端的人群，能够获得免费的、公益性的信息服务无疑对"信息脱贫"意义重大。总之，无论是信息分化中处于何种位置的人群，都需要一种制度化的安排，以保障其信息权利的实现。建设惠及全体公民的、全覆盖的公共图书馆体系无疑是一个最为便捷而高效的解决方案。[①]

三 公共图书馆体系的教育职能

现代意义上的公共图书馆最早作为教育活动机构而赢得其存在的合理性[②]。苏州图书馆于 1914 年 9 月 20 日开馆之际将"开导民智"、"为教育活动之要务"为该馆办馆宗旨。[③] 1935 年，时任苏州图书馆馆长的蒋吟秋指出，"教育为立国大计，开通民智，发明文化，阐明科学"，"靡不以教育为依归，而教育活动，尤关重要"。[④] 无独有偶，几乎在同一时期，美国图书馆学家杜威（Dewey）将拥有免费的图书馆服务和免费的学校教育相并列，共同作为"每个灵魂"所具有的基本权利。[⑤] 印度图书馆学家阮冈纳赞则把"每位读者有其书"的法则看成是国家的问题，即制度安排的问题。[⑥]

---

① 周文杰：《基于个人信息世界的信息分化研究》，博士学位论文，南开大学，2013 年。
② 于良芝：《公共图书馆存在的理由：来自图书馆使命的注解》，《图书与情报》2007 年第 1 期，第 1—9 页。
③ 苏州图书馆馆史编委会：《苏州图书馆编年纪事（1914—2004）》，苏州大学出版社 2004 年版，第 1—23 页。
④ 同上。
⑤ Dewey, Cited in Nardini R. F., "A Search for Meaning: American Library Metaphors, 1877-1926", *Library Quarterly*, Vol. 71, No. 2, 2001, pp. 111-140.
⑥ 邱冠华、于良芝、许晓霞：《覆盖全社会的公共图书馆：模式、技术支撑与方案》，北京图书馆出版社 2008 年版，第 29 页。

（一）图书馆体系化服务是对教育本质的顺应

公共图书馆作为教育机构的属性，源于对教育自身边界与本质的界定。一般认为，凡是增进人们的知识和技能，影响人们的思想品德的活动，都是教育。[①] 有学者指出，所谓教育，就是教育形式和作为教育内容的社会文化的统一体。[②] 公共图书馆兼具教育的形式与内容：就内容而言，公共图书馆所拥有的大量经过整序的知识信息资源，无疑是作为教育内容的社会文化的重要载体；就形式而言，公共图书馆体系作为一种制度安排，与学校教育体系之间相辅相成，具备完成文化传承的条件和能力。

教育的本质属性在于它是人类文化传递的基本工具和手段，传递性和培养性是其两大属性。[③] 教育的传递性是指人类文化借由教育行为而实现承上启下。作为一个信息资源富集、文化传播色彩浓厚的机构，公共图书馆的文化传递功能不言而喻。教育的培养性主要指文化对人所内在具有的感染、影响、说服作用。[④] 公共图书馆体系之于公民的教化培养作用已被诸多研究所证实。如，林里（Linly）、科斯莱克（Kerslake）的研究表明，公共图书馆可以为社会培养更多有文化、有见识、有参与意识和参与能力的公民，是支持个人发展、社会和谐、文化理解和民主制度的重要力量。[⑤]

总之，教育的本质在于对文化的传递和对公民的培养，公共图书馆体系开展的服务活动显然具备这两大属性，是对教育本质的顺应。换言之，公共图书馆体系所开展的服务活动及其对用户的影响，正是教育活动过程中教育者与受教育者双边互动过程和结果的具体

[①] 《中国大百科全书》编委会：《中国大百科全书》，中国大百科全书出版社 2015 年版。
[②] 胡德海：《教育学原理》，甘肃教育出版社 2000 年版，第 276 页。
[③] 同上。
[④] 同上。
[⑤] Linly, R., Usherwood, B., "New Measures for the New Library: A Social Audit of Public Libraries", London: British Library Research & Innovation Centre, 1998; Kerslake, E., Kinnell, M., "Public Libraries, Public Interest and the Information Society: Theoretical Issues in the Social Impact of Public Libraries", Journal of Librarianship and Information Science, Vol. 30, No. 3, 1998, pp. 159-167.

体现。

（二）图书馆体系化服务是公民终身学习的必要制度安排

近代教育学家因将视野局限于学校教育领域，没有将对教育活动的理解从学校教育的体系里彻底解放出来，从而备受诟病。[①] 20世纪末期以来，随着信息通信技术（ICT）的扩散，教育领域正在发生一场"静悄悄的革命"[②]。最近数年来，随着MOOC等新型教育形式的兴起与普及，教育事业的整体面貌正在发生着巨大的变化，教育活动既无必要也不可能被局限于学校之中。同时，在信息社会背景下，知识更新速度加快，信息变成了极其重要的战略资源，公民只有通过终身学习方能跟上社会信息化发展的步伐。完善终身学习的制度安排，已经成为国家和社会的必要职责。然而，由于现有学校系统在场所、设施和资源等方面都具有明显的局限性，充分保障公民的终身教育权利对于既有的教育体系而言具有很大的挑战性。与此同时，公共图书馆拥有海量的、经过系统化组织与整序的信息资源，无疑为教育跨出学校提供了一级至关重要的台阶。事实上，图书馆之于终生学习的作用早有论述。联合国教科文组织在《公共图书馆宣言》中指出，"公共图书馆是各地通向知识之门，为个人和社会群体的终身学习、独立决策和文化发展提供了基本的条件"[③]。近年来，图书馆在MOOC等诸多新型教育形式中扮演越来越重要的角色，也获得了越来越大的社会影响力。可以说，图书馆深度参与基于信息社会的新型教育，既是普罗大众"用脚投票"的结果，又反映了教育变革的基本趋向。对于图书馆职业而言，顺应时代要求，发挥资源优势，担负终身教育这一重要历史使命，既是获得新的生命力的契机，更是一项义不容辞的责任。

[①] 胡德海：《教育学原理》，甘肃教育出版社2000年版，第263页。
[②] ［日］佐藤学：《静悄悄的革命：课堂改变，学校就会改变》，李季湄译，教育科学出版社2014年版。
[③] 联合国教科文组织：《公共图书馆宣言》，1994年（http://www.ifla.org/VII/s8/unesco/chine.pdf）。

（三）图书馆体系化服务是实现文化内化的重要渠道

有学者指出，教育的功能是将存在于个体之处的寓于物质载体以及语言、文化等精神载体中的文化，内化为以个体的人为载体的文化。[①] 德国教育学家斯普兰格（E. Spranger）指出，教育的作用，是把"客观文化"安置在个人的心灵中，使其能成为"主观文化"，把旧有的那些固定的、已经形成的客观文化转变为一种新的生动的、创造的主观文化。[②] 由于图书馆不仅收集、储存人类现有的文化资源，更对这些资源进行了组织和整序，因此，图书馆不仅拥有一个完整的"客观文化"体系，也完全具备通过适当的服务行为促进"客观文化"向"主观文化"转化的条件。例如，图书馆依据人类的认知规律与知识结构，将存在于物质载体的"客观知识"进行有效组织并提供给个体使用，由此，为个体将外部文化内化为内在主观文化提供了可能。

（四）图书馆体系化服务是走向开放教育的基本途径

从封闭走向开放，是当代教育主动适应信息化社会的具体体现。我国学者鲁洁指出，与现代社会发展相适应，我国必须形成新的大教育系统。其中，以图书馆为代表的社会文化教育系统是这一大教育系统的重要组成部分。[③] 相对于学校教育有限的开放时间和特定的教育对象，体系化的图书馆服务无疑具有明显的优势：从时间上，全天候全年度开放已在图书馆业界渐成趋势；从空间上，实体馆舍和虚拟网络为公共图书馆提供了一个无边界的服务空间；从服务对象上，完备的信息资源体系完全具备影响来自任何教育背景的公民的能力。在信息社会的背景下，教育的开放性越来越明显地表现为图书馆与学校这两个机构之间相向而行：一方面是"图书馆的学校化"，即图书馆越来越拥有传统学校的功能。例如，当前许多公共图书馆都建成了学习中心，通过 MOOC 等形式，为学习者提供教育资

---

① 鲁洁、吴康宁：《教育社会学》，人民教育出版社 1990 年版，第 153 页。
② 胡德海：《教育学原理》，甘肃教育出版社 2000 年版，第 276 页。
③ 鲁洁、吴康宁：《教育社会学》，人民教育出版社 1990 年版，第 341 页。

源，开展实质上的教育活动。另一方面是"学校的图书馆化"，即学校教育的形式越来越明显地突破课堂教学的传统形式，学校越来越多地作为学习资源的提供者，学习者开展学习活动的平台；而教师则越来越多地成为个体化学习行为的促进者。例如，当前学校教育领域方兴未艾的"翻转课堂"、"研究性学习"等都充分体现了这一趋向。无论是学校的图书馆化还是图书馆的学校化，都体现了教育已不再局限于传统的机构和形式，走向开放化成为促进教育变革的内在动力。这种动力的存在，使图书馆体系更深刻地参与教育活动成为必要。

（五）图书馆体系化服务提供了重要的隐性课程资源

社会学领域看待教育问题具有三个理论视角：功能理论教育观（The Functionalist Perspective on Education）、冲突理论教育观（The Conflict Perspective on Education）和互动理论教育观（The Interactionist Perspective on　Education）[1][2]。三种教育观都不同程度地揭示了校外机构之于学校教育的影响。最典型的，是互动教育观关于隐性课程的解析。隐性课程是"非计划的学习活动"[3]，"是学生在教学计划所规定的课程之外所受的教育"[4]。从隐性课程的角度看，图书馆本身就是一个大课堂，其资源体系与环境无时无刻不在履行教化职能。例如，以图书馆所提供的信息资源为平台，用户根据自身信息需求进行检索、阅读，从而实现教育的目的。同时，图书馆体系作为一种制度安排，植根于主流文化之中，这一体系客观上传播了主流价值观，从而服务于既定的教育目标。

---

① Hughes Michaeal, Kroehler, J. Carolyn & Vander Zanden W. James, "Sociology: The Core", *McGraw-Hill College*, 1999.

② 施良方：《课程理论——课程的基础、原理与问题》，教育科学出版社 1996 年版。

③ 陈玉锟：《试论潜在课程的性质、功能和组织》，《上海高教研究》1988 年第 4 期。

④ 郑金洲：《隐蔽课程：一些理论上的思考》，《外国教育动态》1989 年第 1 期。

四　公共图书馆服务体系的学习促进职能

"藏"与"用"之间的矛盾一直使图书馆职业达成其职业使命面临着巨大的障碍。长期以来，图书馆对于信息资源的组织与建设已积累了相当丰富的职业经验，但在如何促进用户来使用这些资源方面，却存在着诸多不足。正是这种现象的存在，导致了图书馆职业活动的价值和前景备受争议。我国台湾学者何光国指出，在实践中，图书馆学五定律常变成：书是为收集，不是为利用；有些读者不得其书；有些书在书架上收集尘埃；浪费读者和馆员的时间；图书馆为一成长的旧书仓库。[1]

图书馆体系重藏轻用及由此而导致的诸多恶果的原因是多方面的，其中一个重要原因是，图书馆职业对于信息资源"用"的方面缺乏理性认识，没有能够基于用户视角，从理论上很好地支持和解释经过组织、整序的信息资源如何才能被用户所用。从本质上看，用户对于信息资源的使用行为是一种学习行为，近百年来得到蓬勃发展的学习理论对于图书馆用户的信息实践具有较强的解释力。

（一）早期行为主义视角

以巴甫洛夫、斯金纳等为代表的研究者基于"刺激—反应"理论而提出的学习理论，开创了行为主义学习理论的先河。早期行为主义者认为，如果一个人已从一组刺激中习得某种反应，在出现另一组类似的刺激时，他会做出同样的反应，这就是泛化。[2] 格思里和霍顿（Guthrie and Horton）提出，泛化本身是学习的重要部分。[3] 就图书馆职业而言，知识的序化与组织恰恰是一种促进泛化发生的机制。通过分类法而实现的信息资源整序，由于实现了知识信息的条

---

① 何光国：《图书馆学理论基础》，三民书局股份有限公司2001年版，第105页。

② Estes, W. K., "Cognitive Architectures from the Standpoint of an Experimental Psychologist", *Annual Review of Psychology*, Vol. 42, 1991, pp. 1-28.

③ Guthrie, E. R. and Horton, G. P., *Cats in a Puzzle Box*, New York: Harper, 1946.

理化，从而为用户将通过对"点"的检索与阅读而获取的知识信息泛化到对"面"的理解与掌握提供了基础。在实体的馆藏中，相似的信息资源被排列在邻近的位置，从而使用户在信息搜寻的过程中获得知识泛化的契机，促使更多学习行为的发生。另外，威廉姆 K. 埃斯蒂斯（William K. Estes）提出了刺激抽样理论，假定由于学习者"知觉系统能量有限"，因此具体的学习行为是一种对刺激要素抽样的过程——只有被用户抽中的要素，才能被纳入到其知觉系统之中。① 由于图书馆所呈现的是一个系统化的知识体系，这一体系客观上为学习者提供了全面而灵活的"刺激要素样本库"。用户对于信息资源内容的选择，事实上是通过刺激抽样而将特定学习内容纳入其知觉系统的过程。由于这种抽样过程是由用户主导的，因此，与传统的课堂教学相比，由这种刺激抽样而引发的学习行为更高效。

早期行为主义者所提出的"诱因动机"等概念也对解释发生在图书馆的学习行为具有重要启示。克拉克 L. 霍尔（Clark L. Hull）指出，诱因动机是从刺激到行为的重要中介变量，两个刺激越是相类似，其中任何一个刺激就越有可能代替另一个刺激引起条件反应。② 无论是知识组织还是馆藏排列，由于具有相似性的知识资源总被整理在相似的位置，因此图书馆职业所营造的知识序化环境为学习行为的发生提供了一条基本通道，相互邻近的知识载体则潜在地成为学习发生的诱因动机。

（二）认知学派视角

认知学派是在对行为主义理论进行批判的基础上兴起的一个重要学习理论流派。认知学派认为，学习是通过认知、获得意义和意向形成认知的过程，学习是认知结构的组织和再组织。有内在逻辑的信息资源体系与学生原有的认知结构关联起来，新旧知识发生相互作用，新材料在学习者头脑中获得了新的意义，这些就是学习变

① Estes，W. K.，"Cognitive Architectures from the Standpoint of an Experimental Psychologist"，*Annual Review of Psychology*，Vol. 42，1991，pp. 1-28.

② Hull，Clark L.，*A Behavior System*，New Haven，CT：Yale University Press，1952.

化的实质。① 认知心理学在学习理论方面的研究大致可归结为三个方面：（1）知识的表征和组织；（2）自我调节，元知识或称为二级认知；（3）学习的社会性和情景性。② 显然，图书馆对知识信息的整序和组织与用户对知识的表征和组织的一致程度越高，则学习发生的可能性越大，信息资源利用的效率越高。另外，图书馆作为社会设计的信息空间，完全具备促使学习活动发生的各种社会性和情景性条件。

根据认知学派的观点，知识可分为程序性知识（即"如何做"的知识）和陈述性知识（即"是什么"的知识）。图书馆所提供的，主要是陈述性知识。认知学派的代表人物杰罗姆·西蒙·布鲁纳（Jerome Seymour Bruner）用编码系统对人们对陈述性知识的学习过程进行了解释。他指出，编码系统是一组相互联系的、非具体的类别，编码系统是人们对环境信息加以分组和组合的方式，它是不断地变化和重组的。编码系统的重要特征是，对相关的类别做出有层次的结构安排。③ 由于图书馆的基本业务活动是将"客观知识"进行序化，而序化的结果恰恰是形成一个相对完整的客观知识编码系统。因此，图书馆职业所从事的信息资源整序活动事实上对应着学习者思维编码的过程。从这个意义上说，衡量信息资源组织合理性的一个基本准则是：越是组织合理的信息资源编码系统，应当越符合用户的思维编码系统。布鲁纳（1967）进而指出，任何学科都可以以适当的结构教给任何年龄阶段的学习者。④ 布鲁纳所强调的学科结构与信息资源的整序在本质上是相通的。对于图书馆职业来说，以适当的形式组织信息资源，并以适当的形式提供给用户，正是一个促进学习者发现知识的过程，也是图书馆服务由"藏"到"用"的关键环节。布鲁纳认为，人类记忆的首要问题不是储存，而是提

① 张大均：《教育心理学》，人民教育出版社 1999 年版，第 60 页。
② Guthrie, E. R. & Powers, F. F., *Educational Psychology*, New York: Ronald Press, 1950.
③ Bruner, J., "Comment on Beyond Competence", *Cognitive Development*, Vol. 12, 1997, pp. 341–343.
④ Bruner, J., "The Course of Cognitive Growth", *American Psychologist*, Vol. 19, 1964, p. 15.

取。学习者提取信息的关键在于如何组织信息，知道信息储存在哪里和怎样才能提取信息。① 可见，图书馆职业的生命力在于，将知识组织活动与学习者微观信息组织系统相适应，从而不仅促进学习行为的发生，更帮助学习者保持其学习的成果。

认知学派的另一位重要研究者奥苏贝尔（D. P. Ausubel）从知识迁移与同化的角度对学习行为进行了解释。所谓知识的迁移，指过去的经验通过对认知结构发生作用而影响到新的有意义学习。同化（即旧知识吸纳新知识的过程）是一种重要的知识迁移现象。奥苏贝尔认为，知识同化的一般条件是：首先，学习者原有的认知结构中必须具有同化新知识的相应知识基础；其次，学习材料本身应具有内在的逻辑意义，并能够反映人类的认识成果；再次，学习者还应具有理解所学材料的动机。② 在这三个条件中，学习材料本身的内在逻辑意义是促使学习发生的关键条件。图书馆所提供的信息资源体系恰恰是按照学科的内在逻辑而整序的，因此，图书馆为学习的发生提供了基本条件。出于对学习材料内在逻辑性的考虑，奥苏贝尔特别强调了发现学习的重要性，即学习的主要内容不是现成地给予学习者的，而是在学习者内化之前，由他们自己去发现这些内容。③ 这样一来，学习的主要任务变成了学习者在海量的信息资源中发现内容，而不是提供现成的内容。学习者之于学习内容的发现，本质上正是信息检索的过程；而学习者发现知识的效率恰恰取决于其检索得到的资源是否符合其认知特征的内在逻辑性。此外，奥苏贝尔的理论还非常强调认知结构与个体经验的结合，并提出了一系列理论命题，其中表征学习（representational learning）、概念学习（concept learning）和命题学习（proposition learning）等理念都与信息组织紧密关联。特别是在命题学习中，学习者通过对上位关系、下位关系和组合关系的运用而达成学习目标，这些理念显然都与图书

---

① 施良方：《学习论》，人民教育出版社 1994 年版，第 227 页。

② Ausubel, D. P., "Education Psychology: A Cognitive View", 2nd, ed. New York: Holt, Rinehart and Winton, 1968, pp. 12–16.

③ Ausubel, D. P., "The Facilitation of Meaningful Verbal Learning in the Classroom", *Educational Psychologist*, Vol. 12, 1977, pp. 162–178.

馆职业之于信息组织的理论与实践不谋而合。

最近几十年来，很多研究者从建构主义视角对学习行为进行了分析。建构主义者认为，现有的知识是一种关于各种现象的较为可靠的假设，学习过程是学习者在理解的基础上对假设做出自己的检验和调整的过程。① 简恩·皮亚杰（Jean Piaget）作为建构主义学习理论的代表人物之一，系统地论述了认知发展过程中同化（assimilation）、顺化（accommodation）与平衡（equilibration）的关系。皮亚杰指出，一切认识都离不开认知图式的同化和顺化，一个人的整体知识始终在被分化成各个部分，然后又把各个部分整合成一个新的整体知识。② 图书馆职业对客观知识进行整序与组织的目标，恰恰是为建立一个关于客观知识世界的整体性知识地图。这一知识地图之于用户的意义在于，它为用户提供了通过同化与顺化而将客观知识纳入自己认知图式的基本条件。

传播学等领域的研究者也对建构主义理论进行了发展，最具有代表性的，是美国学者布瑞德·德尔文（Brenda Dervin）及其同事发展的意义建构（Sense‐Making）理论。在意义建构理论看来，信息交流过程并不是从发送者传输到接收者，信息的利用也并不是接受者从别人提供的信息中选取一部分，而是信息用户的主观建构活动，信息交流的过程是一连串互动的、解决问题的过程。③ 意义建构理论为观察用户信息需求和获取的动机、过程，以及从中获取的信息效用和价值提供了建构主义的视角。④ 对于图书馆职业而言，只有及时发现用户的信息需求，才可能有针对性地向用户提供信息资源，以便促进并帮助其完成学习活动。

最近数十年来，不少学者试图对行为主义与认知学派进行整合，罗伯特·M. 加涅（Robert M. Gagne）是其中最有成就的代表人物。加涅不仅强调个体内在的学习状态，也特别强调学习的外部条件，即

---

① 张大均：《教育心理学》，人民教育出版社 1999 年版，第 60 页。

② Piaget, J., *The Graph of Consciousness*, Cambridge, MA: Harvard University Press, 1976.

③ Dervin, B., "Comparative Theory Reconceptualized: From Entities and States to Processes and Dynamics", *Communication Theory*, Vol. 1, No. 1, 1991, pp. 59-69.

④ 刘亚：《教育对青少年信息贫困的影响》，博士学位论文，南开大学，2012 年。

学习的环境及学习内容的呈现形式。此外，学习的过程是一级一级累积起来的。[1] 不难看出，无论与概念学习还是规则学习，都与信息组织有着密切的联系。另外，20 世纪 50 年代以来，随着计算机科学的发展，学习理论领域的信息加工理论兴起。信息加工理论吸收了行为主义和传统认知理论的有益成果，[2] 认为在学习理论领域，至少存在三种形式的语义网络：一是安德森（Anderson）提出的命题网络（propositional network）；二是诺曼（Norman）与鲁梅尔哈特（Rumel-hart）提出的活跃的结构网络（Active structural network）；[3] 三是诺威尔（Newell）和西蒙（Simon）提出的产品系统（production system）[4]。由于这三种语义网络都是针对陈述性知识的，因此，与图书馆通过编目等活动对知识信息进行序化组织的目标和思路都相当接近。

五　结语与启示

图书馆所具有的职能是多方面的。从机构视角看，公共图书馆具有知识保存、文献信息的组织与传递等诸多职能；从用户视角看，实现公民信息的富裕化、参与教育活动和促进个体学习活动是图书馆的三个重要职能。本部分从多学科的视角，概括梳理了公共图书馆服务体系基于用户中心而衍生的三个职能背后的理论质素，从而获得了如下启示：

（一）实现公民的信息富裕化需要建成一个全覆盖的公共图书馆体系

公共图书馆体系从物理环境上覆盖有信息需求的所有用户，既

---

① Gagne, R. M., & Medsker, K. L., *The Conditions of Learning: Training Applications*, Fort Worth, TX: Harcourt Brace, 1996.

② 施良方：《学习论》，人民教育出版社 1994 年版，第 291 页。

③ Anderson, J. P., *Learning and Memory: An Integrated Approach*, New York: John Wiley, 1995.

④ Newell, A., & Simon, H. A., *Human Problem Solving*, Englewood Cliffs, NJ: Prentice-Hall, 1972.

是一项保障公民基本信息权利的制度安排，也对公民的信息富裕化意义重大。为此，图书馆职业需要秉持既有的职业精神，在完善信息资源体系的基础上，积极主动地参与信息社会问题的解决，促进信息公平。但也必须强调，要想通过建设全覆盖的图书馆体系而取得信息分化治理的最佳效果，尚需图书馆职业领域的实践者与研究者"细分"用户群体，深入探查与把握信息贫富状况不同人群的信息行为规律与特征。只有如此，才能提高图书馆职业对于信息社会背景下各层次人群信息分化的干预能力与调节水平，这不仅是图书馆职业社会价值的体现，也恰恰是图书馆与情报学的学术使命所在。

（二）参与教育活动需要公共图书馆主动调整自身功能定位

公共图书馆体系具有教育功能，但这并不意味着公共图书馆能够自动履行这种职能。就现实状况而言，图书馆界多多少少地倾向于忽视甚至否定这一职能。例如，有研究者指出，由于没有任何证据表明图书馆员有高于其他人的道德水平，且公共资金资助的社会服务需要保持服务的公平性，因此杜威以来图书馆职业所秉持的教化职能被弱化和放弃了。[①] 事实上，图书馆之所以具备教化职能，是由于其拥有了教育活动赖以开展的信息资源平台和环境。图书馆履行教育职能，并非要求图书馆拥有一批堪为人师的馆员。公共图书馆教育职能的彰显，需要基于教育理念与图书馆学的基本理论而进行系统设计并付诸职业实践。一个基本要求是，图书馆界极有必要追踪最新的教育变革动态，关注并积极参与教育领域所发生的这场"静悄悄的革命"，捕捉住信息社会赋予公共图书馆的新机遇。

（三）促进个体学习需要公共图书馆积极变革服务模式与理念

对于公共图书馆体系而言，促进个体学习只是一种潜在的功能。这种功能的开掘，需要图书馆职业的深刻转型。从机构层面看，作为学习促进机构的公共图书馆，须站在用户中心的立场上，建设符

---

① 范并思：《阅读推广与图书馆学：基础理论问题分析》，《中国图书馆学报》2014年第5期，第4—13页。

合用户认知结构与行为特征的信息资源体系，知识信息资源的组织与提供形式都需要根据用户需求而做出全面调整。从从业者层面看，要使图书馆能够履行学习促进者的功能，馆员的知识结构与角色定位都需要深刻地转型。

传统意义的图书馆职能（如，知识保存、阅读促进、情报传递等）界定了图书馆的基本业务活动边界与形式。然而，图书馆的传统职能虽然彰显了其职业价值，但这种价值的真正达成最终仍取决于对用户切切实实产生影响的大小。在理论构建的向度上，公共图书馆体系之于公民的个体发展的影响植根于两个理论层面：在宏观层面，信息公平和教育理论支撑和解释了将公共图书馆体系作为促进公民个体发展的制度安排的合理性；在微观层面，学习理论解释了公共图书馆体系何以可能影响公民的个体发展。展望未来，面对信息社会的诸多挑战（如，Internet 对于传统信息资源提供方式的挑战），充分开掘公共图书馆体系之于个体发展的影响，很可能将是维系公共图书馆事业存在和发展的最重要的一条生命线。

二论　走向分层服务

——公共图书馆服务体系对信息贫富状况不同用户的影响

一　引言

信息化浪潮正在对当代中国的社会面貌产生日益深刻的影响。据统计，截至 2015 年 12 月，中国网民规模达 6.88 亿，互联网普及率达 50.3%。[①] 然而，互联网并非自动地惠及所有人。大量证据表明，在互联网为人类社会创造便利与财富的同时，也正在加剧社会的信息贫富分化。[②③④] 近年来，国内外许多学者呼吁，政府和社会组织应加强对信息贫富分化现象的干预和治理。[⑤⑥⑦]

人类对信息贫富分化问题的关注由来已久。早在 19 世纪末，一些追随启蒙运动的政治家、思想家和社会活动家就大力倡导建立和

① 中国互联网络信息中心（CNNIC）：《第 37 次互联网调查》，2016 年 6 月 10 日（http://www.cnnic.net.cn/hlwfzyj/hlwxzbg/）。

② DiMaggio P., Hargittai E., Neuman, W., "Social Implication of the Internet ", *Annual Review of Sociology*, Vol. 27, No. 1, 2001, pp. 307-336.

③ van Dijk J., *The Network Society*, London：SAGE, Second Edition, 2006, pp. 6-18.

④ 胡鞍钢、周绍杰：《新的全球贫富差距：日益扩大的"数字鸿沟"》，《中国社会科学》2002 年第 3 期，第 34—50 页。

⑤ Goode J., "The Digital Identity Divide：How Technology Knowledge impacts College Students", *New Media Society*, Vol. 12, No. 1, 2010, p. 497.

⑥ 胡鞍钢、熊义志：《我国知识发展的地区差距分析：特点、成因及对策》，《管理世界》2000 年第 3 期，第 5—19 页。

⑦ 胡鞍钢、熊义志：《中国的长远未来与知识发展战略》，《中国社会科学》2003 年第 2 期，第 136—149 页。

完善公共图书馆服务体系，以保障各阶层公民对知识和信息的获取。[①] 随着社会信息化程度的加深，公共信息服务机构及其职业活动已成为各国政府干预和治理信息贫困的基本手段之一，通过公共文化服务而促进社会信息公平成为各国干预信息贫富分化的基本制度安排。在我国的公共文化服务体系中，公共图书馆作为公益性信息服务机构，具体承担着为公民提供知识信息服务的职责。近年来，我国政府通过大力促进公共图书馆建设，从国家层面初步构建了一道比较完善的公共信息服务体系。截至 2012 年年底，各类文化机构从业人员达 228.84 万人，全国共有公共图书馆 3076 个，2012 年全国公共图书馆共发放借书证 2485 万个，总流通人次 43437 万人次。[②] 同时，我国政府通过文化信息资源共享工程，数字图书馆推广工程和公共电子阅览室建设计划等公共数字文化工程，努力促进覆盖城乡的公共数字文化服务网络的构建。2012 年，全国公共图书馆的电子阅览室共拥有计算机 17.3 万台，电子阅览终端 10.14 万台，电子图书 10025.34 万册，电子阅览室面积 46.95 万平方米。[③]

面对人类社会由工业社会向信息社会的深刻转型，作为专事信息服务的机构，公共图书馆能否适应新的时代要求，一如既往地对信息贫富分化的干预发挥积极作用，就构成了一个亟待解决的研究问题。着眼于回答这一问题，本书选取了一座信息化程度较高、公共图书馆体系相对健全的城市——广东省东莞市为研究案例，以个人信息世界的贫富状况为信息贫富分化的操作性定义，通过实证调查，对公共图书馆在信息贫富分化干预中的效果进行了考察。

本部分后续部分的基本结构是：第一，对关注当代社会的信息贫富分化及其干预措施的相关研究进行了回顾，揭示了本书得以展开的现实基础和必要性。第二，对本书的理论基础进行了阐释，并

---

① Greenhalgh L. , *Library in a World of Cultural Change*, London: UCL Press Limited, 1995, pp. 82–98.

② 民政部规划财务司规划统计处、文化部财务司规划统计处等六部门：《2012 年社会事业发展报告》，2013 年 10 月 27 日（http://cws.mca.gov.cn/article/tjbg/）。

③ 文化部财务司：《全国 2012 年文化发展基本情况》，2013 年 10 月 27 日（http://www.gov.cn/test/2012-04/11/content_2110583.htm）。

提出了研究假设。第三，对本书的样本、数据及测量工具进行了说明。第四，基于调查数据对本书所提出的假设进行了检验。第五，对实证研究结果进行了讨论并概括了主要发现。

二　文献回顾

（一）当代社会的信息贫富分化现象研究

国内外信息贫富分化相关研究大致以数字鸿沟、数字不平等、信息分化、信息沟、知识沟等名义展开，其中以数字鸿沟/数字不平等和知识沟名义展开的研究数量最多，影响也最大。

数字鸿沟指计算机和 Internet 的获取（access）率之间的差异。[1]高德（Goode）认为，数字鸿沟的研究经历了如下三个阶段的进化过程：第一阶段的数字鸿沟研究强调"获取"（access）。第二阶段的数字鸿沟研究强调"技能和使用"（skill and usage）。第三阶段的数字鸿沟研究关注信息不平等如何反映和强化社会和经济的不平等。数字鸿沟的研究虽然取得了数量庞杂的成果，但也招致了大量的质疑。[2][3][4][5][6] 为克服数字鸿沟研究的局限性，大量学者进而转向数字不平等研究。闫慧发现，数字不平等是对数字鸿沟简单分析方法的扬弃，数字不平等研究更强调数字化差异背后的社会、政治、经济等不平等，更加重视 ICT 主体多样化，并试图将 ICT 的社会化置入

---

[1]　OECD/DSTI，"Understanding the Digital Divide. OECD Papers"，2011-11-02（http：//www. oecd. org/dataoecd/38/57/1888451. pdf）.

[2]　Jung, J. Y., Qiu, J. L., Kim, Y. C., "Internet Connectedness and Inequality: Beyond the 'Divide'", *Communication Research*, Vol. 28, No. 6, 2001, pp. 507-535.

[3]　Selwyn N., "Reconsidering Political and Popular Understandings of the Digital Divide", *New Media & Society*, Vol. 6, No. 2, 2004, pp. 341-362.

[4]　Warschauer M., "Demystifying the Digital Divide: The Simple Binary Notion of Technology Haves and Have-nots Doesn't Quite Compute", *Scientific American*, Vol. 289, No. 3, 2001, pp. 42-47.

[5]　Warschauer M., *Technology and Social Inclusion: Rethinking the Digital Divide*, Cambridge, MA: MIT Press, 2003, pp. 86-90.

[6]　Warschauer M., Knobel M., Stone L., "Technology and Equity in Schooling: Deconstructing the Digital Divide", *Educational Policy*, Vol. 18, No. 9, 2004, pp. 562-588.

多维度的视角之下。①

　　1970 年，提契诺 Tichenor 等提出了知识沟假说，其基本内容是："随着大众媒体信息不断'侵入'社会系统，社会经济地位高者比社会地位低者更快地吸收这些信息，以至于两者之间的知识沟趋于加宽而非弥合。"② 知识沟假说提出后，大量研究者开展了实证研究。如，格拉贝（Grabe）发现，与低教育水平者相比，高教育水平者的综合交流能力和对具体媒体信息进行解读的能力更强。③ 普瑞斯（Price）等发现，高教育水平者对公共事务议题具有更加广博的知识储备。④ 格拉伯（Graber）证明，潜在的认知框架增强了高教育水平者对新信息的识别和获取。⑤ 维斯瓦纳特（Viswanath）等发现，受过更好教育的人不仅与社会的整体融合度高，并且能够有效地从社会网络获取人际信息资源。⑥ 麦凯劳德（McLeod）等发现，高教育水平者更多地使用印刷媒体等"信息富集媒体"，而低教育水平者则主要依赖于电视等信息源。⑦

　　总之，数字鸿沟、数字不平等及知识沟等相关的研究从不同侧面证实了因信息通信技术（ICT）接入不均等及人们之间因认知差距等因素而造成的信息贫富分化现象。既然信息贫富分化已被证明是一种广泛存在的社会现象，就有必要对现有制度安排在干预信息贫富分化中的实际效果进行考察。从这个意义上说，数字鸿沟、数字

---

　　① 闫慧：《数字鸿沟研究的未来：境外数字不平等研究进展》，《中国图书馆学报》2011 年第 4 期，第 87—94 页。

　　② Tichenor, P. J., George A., Clarice, N., "Mass Media Flow and Differential Growth in Knowledge", *Public Opinion Quarterly*, Vol. 34, No. 2, 1970, pp.159 – 170.

　　③ Grabe M. E., "Cognitive Access to Negatively Arousing News. An Experimental Investigation of the Knowledge Gap", *Communication Research*, Vol. 27, No. 2, 2000, pp. 3 – 26.

　　④ Price V., John Z., "Who Gets the News? Alternative Measures of News Reception and Their Implications for Research", *Public Opinion Quarterly*, Vol. 57, No. 2, 1993, pp. 133 – 164.

　　⑤ Graber D., *Processing Politics：Learning from Television in the Internet Age*, Chicago, IL and London：University Press of Chicago, 2001, pp. 149–176.

　　⑥ Viswanath K., Gerald, M., Eric, S. Eunkyung P., "Local Community Ties, Community-Boundedness, and Local Public Affairs Knowledge Gaps", *Communication Research*, Vol. 27, No. 2, 2000, pp. 27 – 50.

　　⑦ McLeod D., Elisabeth M., "Direct and Indirect Effects of Socioeconomic Status on Public Affairs Knowledge", *Journalism Quarterly*, Vol. 71, No. 2, 1994, pp. 433–442.

不平等及知识沟的存在，为本书研究的展开提供了现实基础。

（二）信息贫富分化干预与治理的研究与实践

鉴于社会信息化程度不断加深这一现实，学术界、政府及社会组织对于信息贫困的干预与治理给予了更多的重视。

建立和完善公益信息制度是国家层面信息贫富分化干预和治理的一个重要途径。① 以美国为例，1977—1990 年，美国国会制定了300 余项有关信息政策的公共法律，由此奠定了美国公益信息制度的基础。② 闫慧认为，美国公益制度发展历程中的标志主要包括：宏观层面的图书馆制度、公益组织制度和公益捐赠制度、公益信息基础设施与电信服务制度、社群公益信息服务制度、信息素养的公益培育制度等。③

学术界针对公益性信息资源的开发和利用开展的研究，丰富了对信息贫富分化的干预和治理的理论认识。李蓉、陈玉龙等、吴钢华等认为，公共信息资源开发有利于满足社会主体的信息需求，从而实现维护信息公平的目的。④⑤⑥ 闫慧认为，以免费或者很低的市场价格为服务对象提供公益信息服务，是信息资源公益性开发的工作方法和机制，提供公益信息服务的主体包括政府相关信息机构、政府资助的科技信息机构、公共图书馆、博物馆、文化馆及提供公益信息服务的第三方组织和个人。

迄今为止，各国政府及相关组织采取了多种多样的信息减贫策略。其中，通过建立公益信息服务体系，完善保障信息公平的社会

---

① 赖茂生、闫慧：《关于中国公益信息制度的战略思考》，《图书情报工作》2011 年第 8 期，第 5—11 页。

② 杜佳：《国家信息政策法规体系研究——基于"国家信息政策法规数据库"的实证分析》，北京图书馆出版社 2005 年版，第 12—18 页。

③ 闫慧：《中国数字化社会阶层研究》，国家图书馆出版社 2013 年版，第 22—28 页。

④ 李蓉：《我国信息资源公益性开发与利用的公共政策分析》，《情报科学》2008 年第 6 期，第 817—843 页。

⑤ 陈玉龙、栾婕：《信息资源公益性开发和服务的对策研究》，《情报理论与实践》2008 年第 31 卷第 3 期，第 330—335 页。

⑥ 李蓉、李广建：《公益性信息服务的内涵与外延探究》，《情报杂志》2007 年第 11 期，第 67—70 页。

制度安排，从而实现对信息贫富分化的有效干预和治理，这一思路已在政府和学术界渐成共识。既然公共信息服务已被作为干预信息贫富分化的基本路径，则有必要对公共图书馆在信息贫富分化干预和治理中的实际作用予以考察。这种必要性构成了本书研究得以展开的基本背景。

三　理论背景与研究假设

（一）整体性理论视角下的信息贫富分层化现象

当代社会的信息贫富分层化现象已得到许多研究者的关注。如，范·戴克（van Dijk）提出了网络社会的三层阶级结构：（1）信息精英，由高教育和收入水平、占据最好的工作职位和社会地位、100%接入 ICT 的人群构成。（2）参与者，由中产阶级和工人阶级组成，这些人的确能够获取计算机和 Internet，但与信息精英相比具有较低的数字技能，所使用的 ICT 设备种类也较少。（3）被排斥者，这个阶层无法获取计算机和 Internet，因此被排斥于很多社会领域之外。法茨（Fuchs）发现，人们在计算机等 ICT 资源的获取、使用和获益能力方面的不平等，通过社会分层的过程造就了信息社会胜利者与失败者之间的阶级差别。[1] 豪尔吉陶伊（Hargittai）指出，由于人们对数字媒体的使用情况与其生活的社会环境之间密不可分的关系，因此，数字不平等是现有社会经济地位不平等在信息时代复制的结果。[2]

也有诸多学者针对信息化背景下当代中国社会的结构进行了研究。如卡特（Cartier）等对中国城市化进程中的"跨域社会网络"

---

[1]　Fuchs C. , Horak E. , "Informational Capitalism and the Digital Divide in Africa", *Masaryk University of Law and Technology*, Vol. 1, 2007, pp. 11-32.

[2]　Hargittai E. , *The Digital Reproduction of Inequality*, Philadelphia：Westview Press, 2008, pp. 4-15.

（translocal social network），所导致的信息不平等和社会分层进行了研究。[1] 在此基础上，邱林川（Qiu）提出，中下阶层是中国社会的主体，这一阶层包括普通百姓及各种弱势、被边缘化或遭系统打压的群体。这一人群的社会经济地位较差，文化教育水平也较低，且常在政治权力关系中处于从属状态。但是，随着互联网和手机的普及，这一阶层的成员已加入到了中国的信息社会之中，从而形成"信息中下阶层"（information-have less）[2]。闫慧基于 CNNIC 等相关统计数字的分析，把当代中国数字化社群及其成员划分为五个层次：数字精英、数字富裕、数字中产、数字贫困与数字赤贫。陈鹏从社会结构的视角探讨了中国农村数字鸿沟问题，针对数字鸿沟在不同社会结构条件下所表现出的实践形态及其社会文化意义进行了解析，认为中国农村数字鸿沟问题实质上反映了当代中国社会结构的一个基本特征，即社会结构的断裂。[3]

现有研究虽然从一定程度上揭示了当代社会信息贫富分层化的现状，但也存在着明显的局限性。海德（Haider）发现，由于明显的经济决定主义趋向，研究者倾向于把信息贫富分化视为城市—农村、西方—本土、发达国家—发展中国家、有文化者—文盲之间的二元对立，从而把经济上的贫困与富有作为判定信息贫富的主要依据；而现有研究中存在的技术决定主义趋向，也局限了人们对信息贫富分化的全面理解。[4] 为了克服这种局限性，不断有研究者呼吁，信息贫富分化的研究应跨越结构与主观能动性之间的理论鸿沟，从整体

① Cartier C., Castells M., Qiu J. L., "The Information Have-Less: Inequality, Mobility, Translocal Networks in Chinese CitiesJ", *Studies in Comparative International Development*, Vol. 40, No. 1, 2005, pp. 9–34.

② Qiu, J. L., *Working-class Network Society: Communication Technology, the Information Have-less in urban China*, Cambridge: MIT Press, 2009, pp. 67–77.

③ 陈鹏：《ICTs 产品的应用与中国农村的数字鸿沟——基于 Y 村和 H 村的个案比较研究》，《中国农业大学学报》2010 年第 27 卷第 4 期，第 78—84 页。

④ Haider J., "Conceptions of 'Information Poverty' in LIS: An Analysis of Discourses, Proceedings of the 14th BOBCATSSS Symposium: Information", *Innovation, Responsibility: The Information Professional in the Network Society*, Tallinn, Estonia, 2006, pp. 4–17.

性理论视角考察信息贫富分化现象。① 个人信息世界概念正是在此背景下，适应整体性理论视角的需要而提出的、旨在综合性地揭示和测度信息不平等的概念框架。②③④ 本书以个人信息世界的贫富状况为信息贫富分化的操作性定义，预期基于对个人信息世界的测度，从信息的贫富状况（而不是经济社会地位的差异）揭示样本人群中存在的信息贫富差距。基于上述理论背景，本书提出如下假设：

假设 1：如果以个人信息世界的贫富状况来衡量，样本人群可被划分为若干信息贫富程度不同的层级。

（二）　公共图书馆对信息贫富状况不同人群的影响

自启蒙运动以来，通过设计专门的社会空间以促进知识与信息的公平化，一直是政治家、思想家和社会活动家们孜孜以求的目标。在各种各样的社会机构中，以公共图书馆为代表的公共文化服务机构以维护信息公平为天职，在"启蒙"的历史进程中承担了重要的社会责任。

自 19 世纪中后期以来，公共图书馆作为一个专为公民信息获取而设计的社会空间，一直是各国政府促进信息公平的重要选择。很多研究者都从不同侧面证实了公共图书馆的存在对于促进信息公平的积极作用。⑤⑥⑦ 在社会信息化程度加深的背景下，大量研究者从信息贫富分化

---

①　于良芝、刘亚：《结构与主体能动性：信息不平等研究的理论分野及整体性研究的必要》，《中国图书馆学报》2010 年第 36 卷第 1 期，第 4—19 页。

②　Yu L., "How Poor Informationally Are the Information Poor? Evidence from an Empirical Study of Daily and Regular Information Practices of Individuals", *Journal of Documentation*, Vol. 66, No. 2, 2010, pp. 906-933.

③　Yu L., "The Divided Views of the Information and Digital Divides: A Call for Integrative Theories of Information Inequality", *Journal of Information Science*, Vol. 37, No. 1, 2011, pp. 660-679.

④　Yu L., "Towards a Reconceptualization of the 'Information Worlds of Individuals'", *Journal of Librarianship and Information Science*, Vol. 10, No. 2, 2011, pp. 1-16.

⑤　Sin S. -C. J., Kim K. S., "Use and Non-use of Public Libraries in the Information Age: A Logistic Regression Analysis of Household Characteristics and Library Services Variables", *Library & Information Science Research*, Vol. 30, No. 4, 2008, pp. 207-215.

⑥　Sin S. J., "Neighborhood Disparities in Access to Information Resources: Measuring and Mapping U. S. Public Libraries' Funding and Service Landscapes", *Library & Information Science Research*, Vol. 33, No. 2, 2011, pp. 41 – 53.

⑦　Glorieux I., Kuppens T. and Vandebroeck D., "Mind the Gap: Societal Limits to Public Library Effectiveness", *Library & Information Science Research*, Vol. 29, No. 1, 2007, pp. 188 – 208.

干预的角度，重新审视了公共图书馆的社会价值。另有研究者从多个角度阐释了公共图书馆参与信息分化治理、促进信息社会发展的作用和方式。①②③④ 如，德玛持（DeMaagd）从公共政策的角度考察了公共图书馆之于信息化背景下的社区发展的影响。⑤ 耶格尔（Jaeger）则认为，公共图书馆领域的研究者与实践者应当更积极地参与相关社会政策的制定过程中，以便更深刻地参与信息社会问题的解决。另外，也有研究者针对现有的一些公共图书馆政策所导致的不良社会后果进行了考察。如欣诺（Ceiano）发现，美国部分城市关闭公共图书馆的行为不仅无助于本地经济的发展，相反进一步加宽了当地的数字鸿沟。⑥

我国研究者针对信息社会背景下公共图书馆的作用也进行了大量探讨。吴慰慈通过对公共图书馆发展的历史进行回顾后指出，公共图书馆在维护信息公平、保障公民权利及弥平数字鸿沟、推动和谐发展方面具有独特而重要的作用。⑦ 李超平等提出，公共图书馆在城市文化发展战略中具有资源保障、提高城市文化力和克服数字鸿沟的作用。⑧

面对社会的深刻转型，公共图书馆是否仍然能够承担消弭信息贫富分化的历史使命，这是本书所关注的研究问题。这一问题进而

---

①　Gates Foundation，"Toward Equality of Access: The Role of Public Libraries in Addressing the Digital Divide"，2013-03-02（http://www.imls.gov/pubs/pdf/Equality.pdf）.

②　Agosto D. E.，"The Digital Divide and Public Libraries: A First-hand View"，*Progressive Librarian*，Vol. 25，No. 9，2007，pp. 23-27.

③　Jaeger P. T.，Bertot J. C.，Thompson K. M.，Katz S. M.，DeCoster E. J.，"The Intersection of Public Policy and Public Access: Digital Divides, Digital Literacy, Digital Inclusion, and Public Libraries"，*Public Library Quarterly*，Vol. 31，No. 6，2012，pp. 1-20.

④　Kinney B.，"The Internet, Public Libraries, and the Digital Divide"，*Public Library Quarterly*，Vol. 29，No. 4，2010，pp. 144-161.

⑤　DeMaagd K.，Chew H. E.，Huang G.，Khan M. L.，Sreenivasan A.，LaRose R.，"The Use of Public Computing Facilities by Library Patrons: Demography, motivations, and Barriers"，*Government Information Quarterly*，Vol. 30，No. 3，2013，pp. 110-118.

⑥　Ceiano D. C.，Neuman S. B.，"How to Close the Digital Divide? Fund Public Libraries"，*Education Week*，Vol. 29，No. 1，2010，pp. 33-36.

⑦　吴慰慈：《公共图书馆在构建和谐社会中的作用》，《图书馆》2006 年第 1 期，第 7—10 页。

⑧　李超平、刘兹恒：《论公共图书馆事业与城市文化战略的互动关系》，《中国图书馆学报》2004 年第 1 期，第 40—45 页。

可转化为如下假设：

假设 2：就当代中国城市成年人群而言，公共图书馆用户的个人信息世界优于一般人群。

这一假设进而可分解为如下子假设：

假设 2-a：公共图书馆用户中的信息富裕者的个人信息世界优于一般人群中的信息富裕者。

假设 2-b：公共图书馆用户中的信息贫困者的个人信息世界优于一般人群中的信息贫困者。

假设 2-c：公共图书馆用户中的信息贫富居中者的个人信息世界优于一般人群中的信息贫富居中者。

四　研究设计

（一）样本

1. 样本城市概况

本书以广东省东莞市为研究案例。最近三十余年来，东莞经济建设取得了巨大的成就，目前已成为全国经济发展水平最高的城市之一。随着经济发展水平的提高，东莞信息化程度也急剧加深。在此背景下，东莞市加快了公共文化服务体系建设步伐。按照规划，东莞在 2011—2015 年每年投入 5 亿元用于公共文化的建设。目前，东莞市通过推广普及自助图书馆和图书馆 ATM 建设，初步实现了全市镇街 24 小时自助图书馆借阅全覆盖。此外，东莞公共信息服务的领域不断拓展，目前正在为全市每个社区建成一系列信息服务设施，其中包括每个社区建成一个总面积不少于 200 平方米的综合文化活动室，一个不少于 60 平方米的公共图书阅览室，一个面积不少于 40 平方米的文化信息资源共享工程服务网点（公共电子阅览室）等。目前东莞市已成为我国第一批"创建国家公共文化服务体系示范区"，并成为全国文化信息资源共享工程建设试点城市和全国公共电子阅览室建设试点城市。

2．抽样

根据研究目的，本次调查确定问卷发放的总数量为 3000 份，计划在东莞图书馆总分馆内发放 1500 份，馆外发放 1500 份。为保证馆外人群的代表性，本书采取了严格的分层抽样，具体步骤是：首先，根据《2011 年东莞市国民经济和社会发展统计公报》所公布的东莞市人口总量与分布，依照全市 34 个街区和科技园区在全市人口中的比重对样本人群进行了分配，计算得出了各街区应发放的问卷数量。其次，按照全市人口结构中的性别、职业和年龄比例，进一步计算了各街区中不同性别、年龄和文化受访者的数量。再次，考虑到东莞本地的产业分布情况，对各街区受访者的所在部门进行了进一步分层抽样控制，计算了各街区来自机关、企业、社区等不同社会部门的受访者数量。最后，根据上述各步计算的样本数量与比例，在全市发放了问卷。最终本书研究组在馆外发放并回收问卷1289 份；馆内以方便取样的方式发放并回收问卷 1500 份。

3．受访者

在本书研究组回收了问卷的 2789 位受访者中，男 1539 人，占55.2%；女 1250 人，占 44.8%。共有 1665 位受访者在问卷中报告了自己的年龄，年龄最小 11 岁，最大 82 岁，全部受访者平均年龄为 28.69 岁。受访者的受教育水平和职业状况如表 2—1 和图 2—1所示。

表 2—1　　　　　　　　受访者的受教育程度

	频率	百分比（%）	有效百分比（%）	累积百分比（%）
小学及小学以下	189	6.8	6.9	6.9
初中	523	18.8	19.2	26.1
高中、中专或中技	841	30.2	30.8	56.9
大专	588	21.1	21.5	78.4
大学本科	546	19.6	20.0	98.4
研究生	43	1.5	1.6	100.0
合计	2730	98	100.0	

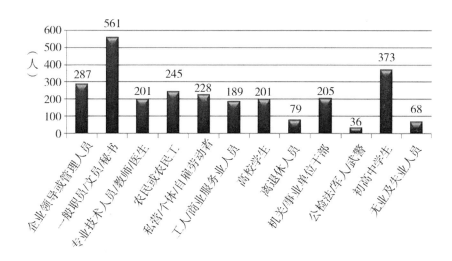

图 2—1 受访者职业分布状况

表 2—2 反映了受访者的月收入情况，对照《2011 年东莞市国民经济和社会发展统计公报》发现，① 本次调查中的受访者所报告的收入水平与统计公报所披露的数据比较一致，这从另一个侧面反映了本次调查样本人群的代表性。

表 2—2　　　　　　　　　　受访者的收入情况

	频率	百分比（%）	有效百分比（%）	累积百分比（%）
无收入②	671	24.1	25.2	25.2
1000 元以下	76	2.7	2.9	28.1
1000—1999 元	449	16.1	16.9	44.9
2000—3999 元	938	33.6	35.2	80.2
4000—5999 元	314	11.3	11.8	92.0

---

① 根据《2011 年东莞市国民经济和社会发展统计公报》，2011 年东莞职工年平均工资 21739 元，其中，城镇在岗职工年平均工资 50398 元，城市居民人均可支配收入 39513 元。

② 事先分析发现，无收入的人群中，大部分是学生。

续表

	频率	百分比（%）	有效百分比（%）	累积百分比（%）
6000 元以上	182	6.5	6.8	98.8
其他	32	1.1	1.2	100.0
合计	2662	95.4	100.0	

（二）数据整理与清洗

针对在东莞图书馆总分馆发放的问卷，本书采用了下述数据整理方法：首先，剔除了年龄为缺项或受访者年龄小于 18 岁的问卷。其次，剔除了未通过"测谎"题目的问卷。最终，本书得到完全符合要求的问卷 393 份。针对一般人群，本书首先剔除年龄项缺失的受访者，然后采用了同样的"测谎"控制。经过上述步骤，最终得到 767 份有效问卷。

（三）测量工具

本书以个人信息世界的贫富状况为信息分化的操作性定义。为此，本书选用于良芝教授编制的《个人信息世界量表》作为对受访者个人信息世界贫富程度进行测量的工具，并添加了对性别、年龄、民族、收入、职业和教育水平等变量进行测度的问项。

1.《个人信息世界量表》的信度

本量表采用了重测法进行信度检验，以南开大学商学院 2011 级本科生为测试对象，于 2012 年 6 月间隔进行了两次测试，共得到可以匹配的样本 27 个。研究者对前后测得分进行了配对样本的 t 检验并计算了相关系数。检验结果表明，所有变量在前后两次测度中的得分均不存在显著差异，[①] 且在各维度均在 0.001 水平（双侧）上显著相关。据此认为，本量表都具有较满意的重测信度。进而，本书对量表进行了一致性检验后发现，Cronbach's Alpha 系数为 0.909。

---

① 本部分关于前后测得分差异显著性的 t 检验使用了于良芝教授 2012 年 11 月在南开大学商学院信息资源管理系组织的"信息资源管理论坛"上的相关数据分析结果。

对照现有统计标准,① 可以确认本量表具有较高的内部一致性。

2.《个人信息世界量表》的效度

根据埃尔弗瑞达·查特曼（Elfreda Chatman）的研究，由于社会和文化标准规制人的信息行为，在特定人群中会形成"小世界"，从而造成了信息贫困。②③④⑤ 本书参照查特曼的标准，选择天津市西青区一个建筑工地的农民工为调查对象。在该工地共发放问卷 60 份，收回有效问卷 59 份。

本书通过对南开大学学生和西青区农民工个人信息世界量度得分进行独立样本的 t 检验发现，南开大学的学生在各维度上的得分均显著（P<0.001）地高于西青区农民工。进一步分析发现，上述两个群体之间在各维度上得分的差异均极其显著（P<0.001），因此，本量表很好地契合了信息贫困研究领域现有研究的理论发现，能够有效地区分不同人群的个人信息世界的丰富程度，由此证实了本测量工具的效度。

五 研究结果

（一）样本人群的信息贫富分化现状

根据个人信息世界概念,⑥ 本书从个人信息世界的内容、边界和

---

① Cronbach's Alpha 系数可信程度的参考范围：信度 ≤ 0.30：不可信；0.30 < 信度 ≤ 0.40：初步的研究，勉强可信；0.40 < 信度 ≤ 0.50：稍微可信；0.50 < 信度 ≤ 0.70：可信（最常见的信度范围）；0.70 < 信度 ≤ 0.90：很可信（次常见的信度范围）；0.90 < 信度：十分可信。

② Chatman E. A., "Framing Social Life in Theory and Research", *New Review of Information Behaviour Research*, Vol. 1, 2000, pp. 3–17.

③ Chatman E. A., "An Information, Mass Media Use and the Working Poor", *Library & Information Science Research*, Vol. 7, 1985, pp. 97–113.

④ Chatman E. A., "The Information World of Low-skilled Workers", *Library & Information Science Research*, Vol. 9, 1987, pp. 265–283.

⑤ Chatman E. A., *The Information World of Retired Women*, Westport, CT: Greenwood Press, 1992, pp. 98–107.

⑥ 于良芝：《"个人信息世界"——一个信息不平等概念的发现与阐释》，《中国图书馆学报》2013 年第 39 卷第 1 期，第 4—11 页。

动力三个要素入手，基于可获信息源、可及信息源、基础信息源、信息资产、信息活动的类型与频率及受访者花费于信息获取的时间、空间和受访者的智识水平8个维度，[①] 对东莞居民个人信息世界的测度结果进行了聚类分析。

通过快速聚类（K-means Cluster），依据东莞城市居民个人信息世界的丰富程度，把样本人群聚合为三类：第一类207人，第二类346人，第三类214人。观察表2—3发现，三个聚类较清晰地反映了东莞居民信息分化的现状：第一类人群在各维度上的得分均高于其他两类，因此把这一类视为信息富裕人群；第三类人群在各维度上的得分均低于其他两类，把这一类视为信息贫困人群；第二类人群在各维度上的得分介于第一类和第三类之间，把这一类视为信息贫富居中人群。由此可见，以样本人群的个人信息世界丰富程度来衡量，东莞居民中存在着比较清晰的信息贫富分化层级，假设1由此得到支持。

表2—3   东莞居民信息分化状况

个人信息世界参数	变量名称	最终聚类中心（均值）		
		富裕组	居中组	贫困组
内容	可及信息源	6.83	5.29	3.59
	可获信息源	6.34	5	3.28
	基础信息源	81.45	68.06	27.8
	信息资产	162.37	98.9	40.53
边界	时间	3.02	2.66	1.98
	空间	6.8	4.18	2.49
	智识	24.12	19.32	12.43
动力	动力维度	71.49	61.46	49.92

① 个人信息世界的概念模型包括8个维度，但在可获信息源、可及信息源和信息活动的空间维度的测度中已把"实体或虚拟的图书馆"作为得分项纳入其中，因而本书没有在这三个维度上进行图书馆用户和一般人群之间的比较。

（二）公共图书馆对信息贫富状况不同人群的影响分析

为进一步对比分析图书馆用户与一般人群在信息贫富方面的差异，本书还专门针对图书馆用户进行了聚类分析。表2—4表明，图书馆用户中也可聚合出三个信息富裕程度不同的人群：第一类共涵盖113个样本，其各维度得分最高，属"信息富裕组"；第二类共涵盖了185个样本，其各维度得分居于"信息富裕组"和"信息贫困组"之间，属"信息贫富居中组"；第三类共涵盖95个样本，其各维度得分最低，属"信息贫困组"。

表2—4　　　　　　　图书馆用户信息分化状况

个人信息世界参数	变量名称	最终聚类中心（均值）		
		富裕组	居中组	贫困组
内容	可及信息源	9.12	6.49	5.06
	可获信息源	8.11	5.84	4.75
	基础信息源	80.69	69.3	38.14
	信息资产	171.16	110.98	59.18
边界	时间	3	3	3
	空间	8.19	6.55	5.02
	智识	26.16	22.26	14.35
信息实践类型和频率	动力	80	66	50

1. 图书馆用户中的信息富裕者与一般人群中的信息富裕者比较

分析表2—5可见，图书馆用户中的信息富裕者在基础信息源、信息资产、信息实践的类型和频率、智识和时间五个维度上的平均得分均高于一般人群中的信息富裕者，这表明图书馆用户中的信息富裕者的个人信息世界优于一般人群中的信息富裕者，据此认为，假设2-a是成立的。

进而对五个维度进行了独立样本的t检验后发现，图书馆用户中的信息富裕者虽然在基础信息源维度上的得分高于一般人群中的信息富裕者，但二者统计不显著（P＞0.05）。而在信息资产（P＜0.01）、信息实践的类型与频率（P＜0.001）、智识（P＜0.05）和时间（P＜0.01）维度上的得分方面，图书馆用户中的信息富裕者则显著高于一般人群中的信息富裕者。

表2—5　两类人群中的信息富裕者个人信息世界相关维度得分比较

变量名称	组别	N	均值	标准差	均值方程的 t 检验	
					t	Sig.（双侧）
基础信息源	一般人群	207	80.69	7.11	0.897	0.37
	图书馆用户	113	81.45	7.46		
信息资产	一般人群	207	162.37	26.3	-2.976	0.003
	图书馆用户	113	171.16	23.22		
信息实践类型和频率	一般人群	207	71.49	22.22	-3.704	0.000
	图书馆用户	113	80.23	18.97		
智识	一般人群	207	24.12	8.34	-2.164	0.031
	图书馆用户	113	26.16	7.57		
时间	一般人群	207	3.02	1.11	-2.743	0.007
	图书馆用户	113	3.38	1.14		

2. 图书馆用户中的信息贫困者与一般人群中的信息贫困者比较

在信息公平的语境下，信息贫困者是一个更应该受到关注的群体。由表2—6可见，在基础信息源、信息资产、信息实践的类型和频率、智识和时间五个维度上，图书馆用户中的信息贫困者的得分均高于馆外人群中的信息贫困者。可见，假设2-b也是成立的。

进而对均值进行 t 检验后发现，图书馆用户和一般人群中的信息贫困者在信息实践的类型和频率维度上无显著差异（P＞0.05），但在基础信息源（P＜0.001）、信息资产（P＜0.001）、智识（P＜0.05）和时间（P＜0.001）维度上存在显著差异。

表 2—6　两类人群中的信息贫困者个人信息世界相关维度得分比较

变量名称	组别	N	均值	标准差	均值方程的 t 检验	
					t	Sig.（双侧）
基础信息源	一般人群	214	27.8	14.51	-5.709	0.000
	图书馆用户	95	38.14	15.09		
信息资产	一般人群	214	40.53	19.05	-7.848	0.000
	图书馆用户	95	59.18	19.77		
信息实践类型和频率	一般人群	214	12.43	7.63	0.04	0.968
	图书馆用户	95	14.35	6.95		
智识	一般人群	214	49.92	24.46	-2.165	0.032
	图书馆用户	95	49.8	23.93		
时间	一般人群	214	1.98	1.2	-4.52	0.000
	图书馆用户	95	2.64	1.15		

3. 图书馆用户中的信息贫富居中者与一般人群中的信息贫富居中者比较

信息贫富分化的干预不仅需要关注处于"富裕"和"贫困"两个极端的人群，也需要关注介于其中的"信息贫富居中人群"。表 2—7 显示，与信息富裕者与穷困者相类似，图书馆的存在对信息贫富居中者的个人信息世界产生了较全面的影响——在每个维度上，图书馆用户得分的均值都高于一般人群。这表明，假设 2-c 也是成立的。

进一步进行 t 检验发现，图书馆用户与一般人群中的信息贫富居中者在基础信息源（$P > 0.05$）和智识（$P > 0.05$）两个维度上的得分均值无显著差异，而在信息资产（$P < 0.001$）、时间（$P < 0.001$）和参与信息实践的类型和频率（$P < 0.01$）方面存在显著差异。

表2—7   两类人群中的信息贫富居中者个人信息世界相关维度得分比较

变量名称	组别	N	均值	标准差	均值方程的 t 检验	
					t	Sig.（双侧）
基础信息源	一般人群	346	68.06	13.28	-1.126	0.261
	图书馆用户	185	69.3	11.39		
信息资产	一般人群	346	98.9	16.66	-7.878	0.000
	图书馆用户	185	110.98	17.19		
信息实践的类型和频率	一般人群	346	61.46	23.56	-3.485	0.001
	图书馆用户	185	65.64	24.07		
时间	一般人群	346	2.66	1	-3.979	0.000
	图书馆用户	185	2.9784	1.02		
智识	一般人群	346	19.32	8.05	-1.934	0.054
	图书馆用户	185	22.26	8.27		

六　讨论与结论

（一）讨论

本书所获得的证据表明，样本人群中图书馆用户的个人信息世界在多个维度上明显优于一般人群。尽管本书并没有对图书馆存在与其用户个人信息世界的优化进行因果检验，但基于图书馆职业的本质属性和本领域其他研究者的发现，笔者认为上述现象在很大程度上是由公共图书馆的存在与到馆访问者个人信息世界的丰富化之间的良性互动造成的。一方面，公共图书馆的存在，使其用户获得了更便捷、高效的信息源，从而实现了个人信息世界的丰富化，最终在信息分化中处于有利的一端。另一方面，对于个人信息世界原本就丰富，在信息分化中已处于相对优势的居民而言，公共图书馆的存在则进一步扩大了这种优势，从而使其更加"信息富裕"。基于这一良性互动，最终图书馆用户的信息富裕程度在整个社会人群中处于"信息偏富"的位置。

具体而言，公共图书馆对其用户个人信息世界的优化作用体现在如下两个方面：

1. 公共图书馆通过影响人们的信息源选择倾向而对其信息贫富状况产生影响

申顿（Shenton）等关于"信息宇宙"（information universe）[①]，查特曼（Chatman）关于退休妇女的"信息世界"（information world），泰勒（Taylor）的"信息使用环境"（information use environment）[②] 等的研究从不同角度证实了人们周边所存在的信息源与其信息贫富状况之间的联系。本书认为，公共图书馆对于人们信息贫富状况的直接影响，首先在于其自身是一个知识信息富集的优质信息源。具体而言，作为社会信息空间的公共图书馆与信息相对富裕者之间存在着一种潜在的良性互动：由于公共图书馆是一种优质的信息源，因此，越是频繁使用公共图书馆的人群，其信息富裕化的可能性越大；相应地，越是信息富裕的人，因其信息能力与需求等方面的优势，越有可能选用诸如公共图书馆等知识信息富集的信息源。然而，对于信息贫困者而言，很可能呈现另一种方式的互动：由于较少使用图书馆等优质信息源，因此其沦于信息贫困者的可能性越大；相应地，信息贫困者在信息能力与意识方面的劣势，也很可能导致其被排斥于图书馆等优质信息源之外。

依据个人信息世界的概念，在信息主体周边所存在的信息源中，有一些信息源得到了人们的常规性利用。这些信息源不仅对于信息主体而言在物理、时间及智识上是可及的，而且也是他（她）的利用习惯可及的，个人信息世界理论把这部分资源称为基础信息源。本书发现，图书馆用户和一般人群中的信息富裕者和信息贫富居中者在基础信息源维度上的得分无显著差异。这一结果说明，对于信息富裕者和信息贫富居中者来说，不管他们是否利用图书馆，其常规性利用的资源类型（消遣型、知识型、实用型等）并没有明显区别。换言之，这

---

① Shenton A. K., Dixon P. A., "Comparison of Youngsters' use of CD-ROM and the Internet as Information Resources", *Journal of the American Society for Information Science and Technology*, Vol. 54, No. 2, 2003, pp. 1029 - 1049.

② Taylor R. S., *Information Use Environments*, Norwood, NJ: Ablex, 1991, pp. 217 - 255.

两个人群的相对信息富裕更多地体现在他们倾向于从知识信息富集的信息源获取他们惯用的资源类型，而不体现在资源类型本身的差异上，此图书馆用户和一般人群中的相对信息富裕者在此维度上并无显著差异。但值得注意的是，本书发现，图书馆用户和一般人群中的信息贫困者在基础信息源（即惯用的资源类型）维度上差异显著。这表明，虽然同样在整体上趋于信息贫困，但利用图书馆的信息贫困者关注的资源类型更多或更趋向知识型和实用型。

综上所述，是否将公共图书馆作为信息来源，在很大程度上影响了人们在信息贫富分化格局中的位置。本书认为，公共图书馆对于人们信息贫富分化的直接影响，恰恰体现在人们是否有条件有能力将其纳入自己的信息获取渠道，从而获取优质的知识信息服务。

2. 公共图书馆通过影响人们的认知行为而对其信息贫富状况产生影响

由前文数据可以看出，无论处于信息贫富分化的何种等级，图书馆用户与一般人群在其个人信息世界的信息资产和时间边界方面都存在着显著差异。

根据个人信息世界的概念，信息资产是指产生了认知结果的信息产品和资源。人们在信息资产方面的优势主要体现在，实际使用过的信息和已经纳入个人认知结构的信息较多。从目前公共图书馆的职业活动来看，这一机构主要以知识信息资源的整序和提供为使命。从这个角度看，尽管图书馆用户在信息资产方面具有优势，但这种优势所体现的更多是图书馆对其用户信息贫富状况的间接影响。即很可能是因为图书馆用户先具有了较强的认知能力，然后才通过使用图书馆这一优质信息源而获得了更丰裕的信息资产。当然，随着图书馆对用户认识干预能力的增强（如图书馆开展更多的学习型、教育型项目），则这种间接影响也可能直接化。与此相类似，图书馆用户的个人信息世界具有更宽的时间边界，也体现了图书馆对人们信息贫富分化的间接影响。

（二）结论

本部分以个人信息世界贫富状况为信息分化的操作性定义，考察了公共图书馆在信息贫富分化干预中的作用。本书的主要结论如下：

第一，以个人信息世界的贫富状况来衡量，中国城市成年人群中存在着较清晰的信息贫富分层化现象。

第二，公共图书馆用户在信息富裕程度方面优于社会普通人群。具体表现在：首先，图书馆用户中的信息富裕者在信息资产、信息实践的类型和频率及个人信息世界的智识和时间方面的得分显著高于一般人群中的信息富裕者。其次，图书馆用户中的相对信息贫困者在信息资产、智识水平和用于信息活动的时间也显著高于一般人群中的信息贫困者。最后，图书馆用户中的信息贫富居中者在信息资产、智识和时间维度上都明显优于一般人群中的信息贫富居中者。

总之，公共图书馆作为一种优质信息源，具有直接影响信息贫富分化的潜力。这启示我们，加强对于公共图书馆硬件设施的投入和建设，完善社会信息空间是必要的。另一方面，公共图书馆在很多方面对于人们的信息贫富状况具有间接影响，而这些间接影响的直接化乃至扩大化的前提之一，是图书馆通过对人们的认知行为产生影响，进而促进信息富裕化。由此产生的启示是，图书馆职业不应当仅仅止步于信息资源的整序和提供，还应把自己的职业行为努力扩展到深度参与用户的认知活动（如，学习、教育活动）之中。只有如此，才能提高图书馆职业对于信息社会背景下各层次人群信息分化的干预能力。而这种能力的获得，不仅是图书馆职业社会价值在信息时代的体现，也是关注信息贫困治理问题的研究者的学术使命所在。

本书通过对东莞图书馆用户和一般人群在个人信息世界各维度上得分的比较，系统地分析了这两个人群在信息贫富状况方面的差异。尽管本书获得了诸多发现，但也存在一定局限。如，本书侧重于对公共图书馆用户和一般人群的信息贫富状况差异进行比较分析，但对公共图书馆与其对社会各阶层人群信息贫富状况之间因果关系的深入检验尚需后续研究的跟进。

三论 超越部门区隔

——走向多部门联动的社会化公益信息服务

一 引言

信息化浪潮正在促使中国社会面貌发生深刻的变迁。大量证据表明,①② 信息社会正在造成一种超越传统意义的贫富分化现象——信息贫富分化现象,信息贫困问题由此成为信息社会不可忽视的一个重要社会问题。鉴于此,国内外许多学者呼吁,政府和社会组织应加强对信息贫困现象的干预和治理。③④⑤

人类对信息贫富分化问题的关注由来已久。早在 19 世纪末,一些追随启蒙运动的政治家、思想家和社会活动家就大力倡导建立和完善公共文化服务体系,以保障公民在工业社会中的知识信息获取权利。⑥⑦ 随着社会信息化程度的加深,公共信息服务机构及其职业

① DiMaggio P. , Hargittai E. , Neuman W. , "Social Implication of the Internet", *Annual Review of Sociology*, Vol. 27, 2001, pp. 307–336.

② 胡鞍钢、周绍杰:《新的全球贫富差距:日益扩大的"数字鸿沟"》,《中国社会科学》2002 年第 3 期,第 34—48 页。

③ van Dijk J. , *The Deepening Divide:Inequality in the Information Society*, London:Sage Publications, 2005.

④ 胡鞍钢、熊义志:《中国的长远未来与知识发展战略》,《中国社会科学》2003 年第 2 期,第 126—137 页。

⑤ 胡鞍钢、熊义志:《我国知识发展的地区差距分析:特点、成因及对策》,《管理世界》2000 年第 3 期,第 5—17 页。

⑥ 于良芝:《图书馆学导论》,科学出版社 2003 年版,第 67 页。

⑦ Greenhalgh L. , *Library in a World of Cultural Change*, London:UCL Press Limited, 1995, pp. 19–25.

活动已成为各国政府干预和治理信息贫困的着力点之一，基于公共文化服务而促进社会信息公平由此成为了各国政府干预信息贫富分化的基本制度安排中不可或缺的一环。近年来，我国各地组织的社会阅读推广活动整合了公共图书馆、出版业、新闻媒体、宣传文化等诸多公共文化机构的力量，吸引了大量居民参加，产生了广泛的社会影响力。

在社会信息化程度日益加深的背景下，我国各地虽然组织了形式多样的社会阅读推广活动，但是社会阅读等公共文化联动是否有利于信息贫富分化的干预？这一重要问题尚未得到系统考察。着眼于这一研究的薄弱点，本书选取了一座信息化程度高、公共文化服务体系相对健全的经济发达城市——广东省东莞市为研究案例，试图通过实证调查，解读社会阅读活动在信息贫富分化治理中的实际效果。

二　文献回顾

（一）当代社会的信息贫富分化现象

国内外现有研究已清晰地揭示了社会信息化背景下的新的贫富分化现象——信息贫富分化的客观存在。如，克瓦斯尼（Kvasny）等[1]，塞尔翁（Servon）[2]，华沙威尔（Warschauer）[3]，豪尔吉陶伊（Hargittai）[4]，范·戴克和霍克尔（van Dijk & Hacker）[5]，诺里斯

---

[1]　Kvasny L., Sawyer S. & Purao S., The Digital Divide and Information Systems Research: Stepping Up or Stepping Away? Paper Presented at the MISRC/CRITO Digital Divide Symposium, University of Minnesota, Minneapolis, MN, 2004.

[2]　Servon, L., *Bridging the Digital Divide: Technology, Community and Public Policy*, Blackwell Press, Malden, MA, USA, 2002.

[3]　Warschauer, M., "Reconceptualizing the Digital Divide", *First Monday*, Vol. 7, 2002, pp. 3-8.

[4]　Hargittai E., "Second-level Digital Divide: Differences in People's Online Skills", *First Monday*, Vol. 7, 2001, pp. 4-8.

[5]　van Dijk J. & Hacker L., "Digital Divide as a Complex and Dynamic Phenomenon", *Information Society*, Vol. 19, 2003, pp. 315 - 326.

（*Norris*）[1] 等从不同侧面证明，社会、政治、历史和文化网络共同形塑了数字鸿沟。查特曼（Chatman）认为，诸多因素规制了人们的信息实践活动，从而使社会经济地位具有同质性的人群形成相似的信息行为，由此造成了信息传播的"小世界现象"，因此，在社会经济地位方面处于边缘化境地的人群（如老年妇女、女犯人、看门人、非裔美国人、移民等）更可能陷入信息贫困。[2] 蒂奇诺（Tichenor）等提出著名的知识沟假设，即"随着大众媒体信息不断'侵入'社会系统，社会经济地位高者比社会地位低者更快地获取这些信息，以至于两者之间的知识沟趋于加宽而非弥合"[3]。内博（Ebo）[4]，罗希（Losh）[5]，麦克劳德（McLeod）等[6]，迪马乔（DiMaggio）等，坎菲尔（Cornfield）等[7]都从不同侧面证实了知识沟现象。

　　在当代社会，公共图书馆、新闻媒体、出版机构等公共文化部门具体承担着信息的传播与调控的职能。既然信息贫富分化已被证明是一种客观存在于当代社会的现象，则公共文化机构有必要将自己的职业活动植根于这一社会现实之中。从这个意义上说，当代社会信息贫富分化现象的存在，为本书基于公共文化联动而考察政府和社会组织对信息贫富分化的干预效果提供了现实基础。

---

[1]　Norris P., *Digital Divide? Civic Engagement, Information Poverty and the Internet in Democratic Societies*, Cambridge University Press, New York, NY, USA, 2001.

[2]　Chatman E. A., "A Theory of Life in the Round", *Journal of the American Society for Information Science*, Vol. 50, No. 3, 1999, pp. 207–217.

[3]　Tichenor Phillip J., George A. Donohue and Clarice N., "Olien, Mass Media Flow and Differential Growth in Knowledge", *Public Opinion Quarterly*, Vol. 34, 1970, pp. 159–170.

[4]　Ebo B., *Cyberghetto or Cybertopia? Race, Class, and Gender on the Internet*, Westport, CT: Praeger, 1998.

[5]　Losh S. C., "Gender, Educational, and Occupational Digital Gaps", *Social Science Computer Review*, Vol. 22, No. 2, 2004, pp. 152–166.

[6]　McLeod D. and Elisabeth M., "Direct and Indirect Effects of Socioeconomic Status on Public Affairs Knowledge", *Journalism Quarterly*, Vol. 71, No. 2, 1994, pp. 433–442.

[7]　Cornfield M., and Rainie L., *Untuned Keyboards: Online Campaigners, Citizens, and Portals in the 2002 Elections. Institute for Politics, Democracy & the Internet*, Washington DC: Pew Internet & American Life Project, 2003.

（二）社会阅读活动的形式与效益

近年来，社会阅读活动在全球各地得到了大量的推广，取得了一定的社会效益。如，艾伦（Allen，2011）调查发现，① 由澳大利亚国家图书馆组织的全国家庭文化素养提升项目——"更高的起点"（Better Beginning）已经为数以万计的家庭提供了图书分享与阅读能力提升服务，这一项目对于包括儿童在内的各年龄段家庭成员都产生了积极的影响。瑟维（Servey，2012）通过对美国威斯康星州Wanpaca 地区的阅读和图书交流项目的调查发现，校外的阅读推广活动有效地补救了学校教育中阅读的不足。② 亚瑟查克（Yasinchuk，2011）在对加拿大的"抛开一切去阅读"（Drop Everything and Read，DEAR）项目进行评介时指出，社会性的阅读活动在促进学校间阅读交流方面成效显著。③ 刘易斯（Lewis，2011）对"大不列颠阅读机构"（The Reading Agency of Great Britain）开展的公益项目进行分析后发现，阅读行为加强了英国民众之间的信息交流行为。④ 穆库尔（Mukulu，2008）对纳米比亚的"假期阅读探险"（Holiday Reading Adventure）项目进行调研后发现，这个原来由 Oshana 地区首创的项目已迅速成长为全国性项目，大量人群通过参与这个项目而获益。

我国研究者也针对国内各地开展的社会阅读活动进行了考察。如，蔡长青（2012）对北京社会阅读现状进行调查后发现，通过整合出版和社会阅读的力量，可以有效地改进公民的信息获取环境。⑤ 吴志敏（2011）对深圳罗湖区的社会阅读活动进行了考察，发现数

---

① Allen N. , "Making a Difference: Findings from Better Beginnings a Family Literacy Intervention Programme", *Australian Library Journal*, Vol. 60, No. 3, 2011, pp. 195-204.

② Servey P. , "Free! Reading Day", *Voice of Youth Advocates*, Vol. 35, No. 1, 2012, pp. 24-24.

③ Yasinchuk J. , "Drop Everything and Read: Supporting School Libraries through Advocacy", *School Libraries in Canada*, Vol. 29, No. 3, 2011, pp. 36-37.

④ Lewis G. , "The Big Book Share: 10 Years on", *CILIP Update*, Vol. 10, No. 3, 2011, pp. 40-42.

⑤ 蔡长青:《北京社会阅读现状研究》，硕士学位论文，北京印刷学院，2012 年。

字技术背景下的社会阅读活动有助于促进国民阅读从浅读转向深读。[①] 徐琴等（2007）对云南云龙县的农村流动书箱项目进行调查后发现，社会性的阅读公益活动有效地扩大了农村居民的视野。[②]

　　社会性阅读活动为人们搭建了知识信息交流的平台，从一定程度上有利于人们信息来源的丰富化，从而对人们信息获取与利用的行为具有潜在影响。这种潜在影响是否有助于信息贫富分化的干预，这是一个值得关注的研究问题。这一问题的存在，为本书研究的展开提供了宏观社会背景。

三　研究设计

（一）样本城市简介

　　本书以广东省东莞市为研究案例。位于珠三角核心区域的东莞市是一座处于改革开放前沿的城市。最近 30 多年来，东莞经济建设取得了巨大的成就，目前已成为全国经济发展水平最高的城市之一。随着经济发展水平的提高，东莞信息化程度也急剧加深。为解决因信息化而产生的社会问题，东莞市投入巨资进行公共文化服务体系建设，按照规划，东莞在 2011—2015 年每年投入 5 亿元用于公共文化的建设。目前，东莞市通过推广普及自助图书馆和图书馆 ATM 建设，初步实现了全市镇街 24 小时自助图书馆借阅全覆盖。此外，东莞公共信息服务的领域不断拓展，目前正在为全市每个社区建成一系列信息服务设施，其中包括每个社区建成一个总面积不少于 200 平方米的综合文化活动室，一个不少于 60 平方米的公共图书阅览室，一个面积不少于 40 平方米的文化信息资源共享工程服务网点（公共电子阅览室）等。由于东莞在解决信息社会问题中卓有成效的努力，目前该市已成为我国第一批"创建国家公共文化服务体系示

---

　　① 吴志敏：《社会阅读推广与公共图书馆使命——兼论罗湖区图书馆阅读推广实践》，《图书馆学研究》2011 年第 4 期，第 86—89 页。
　　② 徐琴、谢浩云：《社会阅读拓展图书馆的生存空间——云龙县农村流动图书箱调查报告》，《大理学院学报》2007 第 S1 期，第 18—19、25 页。

范区"，并成为全国文化信息资源共享工程建设试点城市和全国公共电子阅览室建设试点城市。

近年来，东莞市组织了声势浩大的社会阅读推广活动。截至2012年，由东莞市委宣传部等四单位主办并由东莞图书馆等17个部门承办的"4·23读书节"等大型群众读书活动已举办8届，获得了广泛的社会影响。东莞还积极参加"南国书香节"等活动，极大地促进了社会阅读活动的开展。

（二）抽样设计

根据研究目的，本次调查确定问卷发放的总数量为1500份。为保证样本的代表性，本书采取了严格的分层抽样，具体步骤是：首先，根据《2011年东莞市国民经济和社会发展统计公报》所公布的东莞市人口总量与分布，依照全市34个街区和科技园区在全市人口中的比重对样本人群进行了分配，计算得出了各街区应发放的问卷数量。其次，按照全市人口结构中的性别、职业和年龄比例，进一步计算了各街区中不同性别、年龄和文化受访者的数量。再次，考虑到东莞本地的产业分布情况，对各街区受访者的所在部门进行了进一步分层抽样控制，计算了各街区来自机关、企业、社区等不同社会部门的受访者数量。最后，根据上述各步计算的样本数量与比例，在全市发放了问卷。最终本书研究组发放并回收问卷1289份。

（三）数据整理与清洗

首先，本书以成年人群为主要研究对象，因此，在收回的问卷中剔除了年龄为缺项或受访者年龄小于18岁的问卷。其次，剔除了未通过"测谎"题目的问卷。再次，剔除了对社会阅读问项中缺失项目较多的问卷。通过上述数据整理步骤，本书最终得到754份满足数据分析条件的问卷。

（四）测量工具

本书以个人信息世界的贫富状况为信息分化的操作性定义。为此，本书选用于良芝教授编制的《个人信息世界量表》作为对受访者个人信息世界贫富程度进行测量的工具。为考察样本地区社会阅读活动现状，本书使用了《东莞地区图书馆与社会阅读调查问卷》。

四 实证研究结果

（一）样本人群信息分化概况

本书采用快速聚类（K-means Cluster）法，对样本人群在个人信息世界 8 个维度上的得分进行聚类分析，最终聚合为三类：信息富裕组共 202 人，信息贫困组共 210 人，信息贫富居中组共 342 人。如表 3—1 所示，三组人群在个人信息世界 3 项参数的 8 个维度上区分清晰，人数比例呈"中间大，两头小"的分布态势。

表 3—1　　　　　　　　　东莞居民信息分化概况

个人信息世界参数	变量名称	聚类		
		富裕组	居中组	贫困组
内容	可及（available）信息源	6.81	5.3	3.57
	可获（accessible）信息源	6.32	5.02	3.25
	基础信息源	81.53	68.2	27.85
	信息资产	162.82	98.94	40.57
边界	空间	6.73	4.19	2.5
	时间	3.02	2.65	1.98
	智识	24.22	19.25	12.46
动力	动力	71.22	61.5	49.81

（二）东莞地区社会阅读活动影响力分析

在东莞举办的各种社会阅读活动中，每年"世界读书日"期间举办的"东莞读书节"是目前这一地区规模最大的阅读推广盛会。表 3—2 展示了参与读书节相关活动的居民在信息分化各组的人数与比例。如表 3—2 所示，本次调查有 731 位受访者对"是否知道每年的东莞读书节活动"做出了回答，这些受访者分布于信息富裕、贫困与居中的各组中。就比例而言，信息富裕组对读书节知晓度最高，而贫困组最低，这符合对信息贫富分化的通常认识：信息富裕者通常有更多信息获取渠道，从而更有可能知道诸如读书节之类的大型活动，而且这个人群也更有可能去主动收集关于读书节活动的信息，从而使信息富裕人群中知道读书节活动的人数比例高于其他两组。但也必须同时看到，在整体人群中，有60.7%的人并不知道读书节活动，即使在信息富裕人群中，也有50.3%的人不知道这一活动。可见，以大规模集会的形式来集中进行社会阅读的推广，影响的人群相当有限，即使组织非常完善，也只能涵盖一部分人群。因此，要使社会阅读活动影响到更多的人，除大型节会活动外，还须有具有连续性、针对性并能够覆盖更广泛人群的阅读推广活动的持续跟进。

表 3—2　　　　　　　　　东莞居民对读书节的知晓度

| | | 是否知道东莞市每年开展的读书节活动 | | 合计 |
		不知道	知道	
富裕组	计数	98	97	195
	在信息富裕人群中的百分比	50.3%	49.7%	100%
居中组	计数	197	137	334
	在信息贫富居中人群中的百分比	59.0%	41.0%	100%
贫困组	计数	149	53	202
	在信息贫困人群中的百分比	73.8%	26.2%	100%
合计	计数	444	287	731
	在信息分化各组中的百分比	60.7%	39.3%	100%

注：Chi-square：P<0.001。

　　表 3—3从另一个侧面证实了上文基于表 3—2的发现。由表 3—3可见，信息富裕人群对读书节活动的满意度最高，表示"满意"或"非常满意"的人数达该组总人数的82.6%，而这两项指标在信息贫困人群中却仅占57.2%。显然，信息富裕人群与诸如读书节等

社会阅读推广活动之间更容易形成良性的互动：此类活动使信息富裕者获得了更多积极的情绪体验，从而促进其更踊跃地参与这些活动；而更多参与此类活动，又进一步促进了这个人群个人信息世界的丰富化。而对于信息贫困者，上述互动恰好相反。

表 3—3　　　　　　　　东莞居民对读书节的满意度

		对东莞读书节活动是否满意				合计
		非常满意	满意	无所谓	不满意	
富裕组	计数	12	59	10	5	86
	在信息富裕组中的百分比	14.0%	68.6%	11.6%	5.8%	100.0%
居中组	计数	10	61	30	6	107
	在信息贫富居中组中的百分比	9.4%	57.0%	28.0%	5.6%	100.0%
贫困组	计数	4	24	16	5	49
	在信息贫困组中的百分比	8.2%	49.0%	32.7%	10.2%	100.0%
合计	计数	26	144	56	16	242
	在整体人群中的百分比	10.7%	59.5%	23.1%	6.6%	100.0%

注：Chi-square：$P < 0.05$。

（三）东莞地区居民的阅读意愿与满意度分析

社会阅读推广活动能够取得积极成效的前提之一，是居民有阅读的意愿。表 3—4/显示了与日常观察非常一致的现象：更高比例的信息贫困者不愿意花更多时间从事阅读活动。在本次调查中，信息贫困者中不愿花更多时间从事阅读的受访者比例是信息富裕者的近4 倍之多，这从一个侧面说明，信息贫困从某种程度上说是一种"信息获取意愿的贫困"。这种现象的一个启示是，社会阅读推广活动的设计者应该将"如何激发更多人的阅读意愿"这一问题放在阅读活动设计与绩效评估的首位。

表 3—4　　　　　　　　　东莞居民的阅读意愿

| | | 是否愿意花更多时间从事阅读 | | 合计 |
		是	否	
富裕组	计数	186	9	195
	在信息富裕人群中的比例	95.4%	4.6%	100.0%
居中组	计数	312	24	336
	在信息贫富居中人群中的比例	92.9%	7.1%	100.0%
贫困组	计数	169	36	205
	在信息贫困人群中的比例	82.4%	17.6%	100.0%
合计	计数	667	69	736
	在整体人群中的比例	90.6%	9.4%	100.0%

注：Chi-square：P<0.001

观察表 3—4，可以得出与前文分析大体一致的结论，即更高比例的信息富裕者从阅读环境中获得积极体验，因此对阅读环境的满意度较高，这种积极的体验进一步促进这一人群个人信息世界丰富化。需要注意的是，表 3—5 显示，信息富裕组和信息贫困组对于阅读环境的"不满意度"相当接近，但信息贫困者中，更多人对阅读环境无意见。这表明信息贫困在阅读行为方面的另一个表现是：信息贫困在某种程度上表现为个体对信息获取体验（积极的或消极的）的缺乏。

表 3—5　　　　　　　东莞居民对阅读环境的满意度

| | | 对目前东莞阅读环境的满意度 | | | | | 合计 |
		非常满意	满意	无意见	不满意	非常不满意	
富裕组	计数	33	91	53	14	7	198
	在信息富裕组中的比例	16.7%	46.0%	26.8%	7.1%	3.5%	100.0%

续表

		对目前东莞阅读环境的满意度					合计
		非常满意	满意	无意见	不满意	非常不满意	
居中组	计数	24	153	117	38	2	334
	在信息贫富居中组中的比例	7.2%	45.8%	35.0%	11.4%	0.6%	100.0%
贫困组	计数	11	77	92	18	7	205
	在信息贫困组中的比例	5.4%	37.6%	44.9%	8.8%	3.4%	100.0%
合计	计数	68	321	262	70	16	737
	在整体人群中的比例	9.2%	43.6%	35.6%	9.5%	2.2%	100.0%

注：Chi-square：P<0.001。

(四) 图书馆对社会阅读的作用分析

图书馆之于社会阅读，有着多方面的重要作用。首先，公共图书馆作为社会为治理信息分化而设计的机构，以提供阅读服务和促进社会阅读为宗旨。其次，社会阅读活动的组织与开展往往需要公共图书馆的大力支持与配合，多数情况下，公共图书馆是大型社会阅读推广活动的主要组织者。再次，图书馆自身经常组织开展阅读开展活动，这些活动虽规模不及大型社会阅读活动，但真正深入普及的信息服务与阅读提升正是通过公共图书馆日积月累的工作，最终才收到了"滴水穿石"的效果。

如表3—6所示，信息贫困者的"贫困"在图书馆相关的指标中得到了体现：首先，在信息贫困人群中，高达78.7%的人没有参与过图书馆日常举办的读书推广活动，而在信息富裕人群中，49.4%的人参与读书的活动，经常参与此类活动的人数比例为10.3%，这一比例几乎是信息贫困人群的5倍。其次，仅有37.8%的信息贫困者是图书馆的持证用户，而信息富裕者的持证比例则达72.4%。再次，从访问图书馆的频率来看，频繁访问（"每天"和"每周一次"）图书馆的信息富裕者在该人群中占50.3%，而在信息贫困人群中，频繁访问图书馆者仅占27.9%；反过来，信息富裕者中不频繁访问（"每年一次左右"和"每年少于一次"）图书馆者占这一人群的 16%，但信息贫困人群中不频繁访问图书馆者则达 36.1%。

总之，上述数据清晰地表明，信息贫困者陷于贫困的一个重要原因，是对现有社会信息服务资源利用的不足。从这个意义上说，要使社会阅读活动变成一种可持续的信息分化治理举措，完善公共图书馆的服务机制，激发更多的人参与图书馆阅读活动的热情显得格外重要。而这一点，恰恰也是建立全覆盖的公共图书馆服务体系的题中之义。

表 3—6　　　　　　　　图书馆在促进社会阅读中的作用

| | | 是否参与过图书馆日常举办的读书推广活动 | | | 合计 |
		没有参与	偶尔参与	经常参与	
富裕组	计数	93	72	19	184
	在信息富裕组中的比例	50.5%	39.1%	10.3%	100%
居中组	计数	218	90	6	314
	在信息贫富居中组中的比例	69.4%	28.7%	1.9%	100%
贫困组	计数	148	36	4	188
	在信息贫困组中的比例	78.7%	19.2%	2.1%	100%
合计	计数	459	198	29	686
	在整体人群中的比例	66.9%	28.9%	4.2%	100%
		是否有图书馆证			合计
		有	没有		
富裕组	计数	131	50		181
	在信息富裕组中的比例	72.4%	27.6%		100%
居中组	计数	153	148		301
	在信息贫富居中组中的比例	50.8%	49.2%		100%
贫困组	计数	62	102		164
	在信息贫困组中的比例	37.8%	62.2%		100%
合计	计数	346	300		646
	在整体人群中的比例	53.6%	46.4%		100%

续表

		多久到图书馆一次					合计
		每天	每周至少一次	每月一次左右	每年一次左右	每年少于一次	
富裕组	计数	26	62	59	19	9	175
	在信息富裕组中的比例	14.9%	35.4%	33.7%	10.9%	5.1%	100%
居中组	计数	10	86	107	65	25	293
	在信息贫富居中组中的比例	3.4%	29.4%	36.5%	22.2%	8.5%	100%
贫困组	计数	8	36	57	40	17	158
	在信息贫困组中的比例	5.1%	22.8%	36.1%	25.3%	10.8%	100%
合计	计数	44	184	223	124	51	626
	在整体人群中的比例	7.0%	29.4%	35.6%	19.8%	8.2%	100%

注：Chi-square；P<0.001。

（五）东莞地区社会阅读活动对信息贫富分化影响的 OLM 分析

为了进一步探查社会阅读各相关因素对信息分化实际作用的大小，本书选用定序 Logit 模型（OLM）进行分析。OLM 分析的目的在于探查社会阅读诸因素中，能够直接用于解释和预测信息分化的变量，以期通过深入考察社会阅读活动在信息分化干预中的实际作用。本书对整体样本、男性样本和女性样本分别进行了分析（见表3—7）。

表3—7　　社会阅读诸因素对信息贫富分化影响的回归系数

自变量	全体样本	男性样本	女性样本
读书和知识信息获取意识	0.156	0.375*	0.0022
	(1.39)	(2.24)	(0.01)
阅读量	0.0609	0.0690	0.0767
	(0.87)	(0.75)	(0.64)
阅读频率	0.0852	0.0382	0.148
	(1.43)	(0.46)	(1.66)

续表

自变量	全体样本	男性样本	女性样本
数字阅读时间的增减	0.170*	0.166	0.183
	(2.19)	(1.49)	(1.62)
到书店的频率	−0.0678	−0.0760	−0.0895
	(−0.91)	(−0.73)	(−0.79)
购书费用	0.00524***	0.00616**	0.00492**
	(3.81)	(2.81)	(2.59)
离图书馆的距离	0.0226	−0.115	0.127
	(0.40)	(−1.35)	(1.55)
访问图书馆的频率	0.0669	0.178	−0.0644
	(0.71)	(1.39)	(−0.43)
年借书量	0.439***	0.253	0.565***
	(4.26)	(1.70)	(3.66)
阅读环境满意度	−0.0402	−0.0698	−0.0257
	(−0.41)	(−0.47)	(−0.18)
对读书节的满意度	0.00949	−0.00653	0.0161
	(0.17)	(−0.09)	(0.19)
图书馆阅读推广活动参与度	0.140	0.266	0.107
	(0.95)	(1.27)	(0.48)
没去过图书馆[a]	0.214	−0.127	−11.55
	(0.42)	(−0.22)	(−0.02)
没有图书馆证[b]	−0.255	−0.355	−0.203
	(−1.27)	(−1.23)	(−0.69)
不愿花更多时间阅读[c]	−0.549	−0.954	−0.208
	(−1.66)	(−1.88)	(−0.46)
不愿花更多钱购书[d]	−0.0736	0.360	−0.494
	(−0.42)	(1.46)	(−1.89)
知道读书节[e]	0.114	0.151	−0.0319
	(0.57)	(0.55)	(−0.11)

续表

自变量	全体样本	男性样本	女性样本
cut1_ cons	0.568	0.708	0.338
	(0.91)	(0.80)	(0.36)
cut2_ cons	3.049***	3.404***	2.686**
	(4.77)	(3.76)	(2.85)
N	601	317	284

注: t statistics in parentheses * P< 0.05, ** P< 0.01, *** P< 0.001。

a 参照变量为去过图书馆；b 参照变量为有图书馆证；c 参照变量为愿意花更多时间阅读；d 参照变量为愿意花更多钱购书；e 参照变量为不知道读书节。

由表 3—7 可见，总体而言，购书费用、年借书量和数字阅读时间的增加对信息分化产生了显著影响。具体来说，本书发现，随着每月购书费用的增加，受访者的个人信息世界趋向丰富化，从而在信息分化中处于有利的位置。这一发现与日常生活经验非常吻合：信息富裕者之所以花比别人更多的钱购书，首先，说明了这一群体的人们具有较之他人更旺盛的信息需求；其次，考虑到书籍是一种知识密集型的信息载体，因此，花更多的钱去购书阅读也说明了这一人群具有较之其他人群更强的信息消化吸收能力，这种能力促使其个人信息世界丰富化；再次，联系日常生活经验发现，花钱购书者常常信息获取目的明确，这也从另一个方面说明信息分化中处于有利位置的人群通常对自己的信息需求有着比较敏感的意识，较之其他人更善于及时发现并满足自己的信息需求。

本书也发现，在图书馆的年借书量是另外一个能够有效解释和预测信息分化的指标。由表 3—7 可见，年借书量对人们的信息分化有着极其显著（P<0.001）的影响。表 3—7 中对于年借书量与信息分化之间揭示进一步使图书馆对于信息分化治理的作用明确化：随着人们从图书馆借书量的增加，其个人信息世界趋于丰富化，从而在信息分化中居于更加有利的位置。这一发现看似是一个常识，但却有着比较丰富的理论内涵：由于从图书馆的年借书量这一指标事实上反映了人们对组织化公共信息资源的利用程度，因此，人们的

个人信息世界随着其年借书量的增加而趋向丰富化这一现象不仅进一步证实了图书馆之于信息分化治理的具体作用，也反映了在信息分化中处于有利位置的个体更善于把握和应用公共资源，以满足自己的信息需求。与此相对应，前文对购书费用开支与个人信息世界丰富程度的分析说明，信息分化中处于有利位置的人群同时也有着为满足自己的信息需求而付出私人经济资源的更强烈意愿。总之，基于 OLM 分析可以看出，对于购书费用和图书馆年借书量的测量是解释和预测信息分化的有效指标。

表 3—7 同时也表明，人们用于数字阅读时间的增加也对信息分化有着显著的作用（P<0.05）。这似乎说明，通过考察人们用于数字阅读时间的多少，也可以对信息分化进行有效的解释和预测。但通过对表 3—7 中男性样本和女性样本的分析发现，当对人群按性别进行分别分析时，数字阅读时间的增加对信息分化不再有显著作用。这表明，整体人群中数字阅读变化对信息分化的影响不是单独起作用的，其作用是通过与性别或与性别相关联的其他因素结合而发生的共同效应。这一发现的意义是：在数字化日益深刻地对社会发生影响的今天，对信息分化的治理不能罔顾信息传播途径和信息资源形式的变迁。虽然仅就本书所获取的数据而言，尚不足以断言数字阅读作用与信息分化的具体效果，但无论数字阅读与何种因素相结合对信息分化发生了影响，对其进行深入探查都有着非常重要的理论意义。

进一步对表 3—7 中男性样本进行分析发现，购书费用及对读书和知识信息获取的意识对男性群体的信息分化产生了影响。关于购书费用之于信息分化的影响，前文已进行分析。读书和知识信息获取意识对于男性群体的信息分化产生了显著影响表明，男性群体个人信息世界的丰富程度很大程度上受制约于其对读书和知识对生存和发展重要程度的感知。这说明，针对男性群体，信息分化的有效治理还须包括对人们知识和信息获取意识的培养。本书表明，男性越是清晰地认识到知识和信息获取在当今社会对个人生存和发展的重要性，则越可能在信息分化中处于有利位置，反之亦然。另外，表 3—7 中针对女性样本的数据表明，购书费用和年借书量是对女性信息分化产生影响的两个重要因素，这一现象与上文的分析是吻合的。

五　结论与启示

（一）结论

本书对东莞地区社会阅读与信息分化状况之间的关联进行了分析，主要结论包括：

第一，就大型社会阅读推广活动的影响力而言，信息富裕者更有可能去主动收集关于读书节等社会大型阅读推广活动的信息，从而使这一人群中知道读书节活动的人数比例高于其他两组。而且信息富裕人群与诸如读书节等社会阅读推广活动之间更容易形成良性的互动，从而促进其个人信息世界的丰富化。

第二，就居民的阅读意愿与满意度而言，本书发现，信息贫困一方面表现为一种"信息获取意愿的贫困"，另一方面则表现为个体对信息获取缺乏（积极的或消极的）体验。

第三，通过图书馆与社会阅读的关联分析发现，对现有社会公共信息资源和服务利用不足是导致信息贫困的重要原因之一。

第四，在与社会阅读相关的诸因素中，购书费用、年借书量和数字阅读时间的增加对信息分化影响显著，但这些因素对男性和女性产生的影响有所不同。

（二）实践启示

由上文分析可见，通过社会阅读推广活动提高居民的信息获取意识与能力，促进公共文化服务机构服务效益的提升，是应对信息贫富分化这一社会问题的一项重要举措。但是，要想充分发挥社会阅读活动在解决信息社会问题中的作用，尚需整合公共文化服务部门与社会各界的力量，才能形成系统的信息分化治理机制。具体而言，本书可以提供的实践启示有：

（1）组织大规模的社会阅读推广活动是促进居民提高知识信息

获取意识，提升其信息获取能力的一个重要途径。但这种活动也存在着明显的局限性。本书发现，即使组织得非常得力，大规模社会阅读推广活动作用也非常有限。表现在社会阅读活动在社会整体人群中的知晓度和影响力只能涵盖部分人群。要通过社会阅读活动来达到有效干预信息分化的目的，还需要更加细致、专业的信息服务活动的跟进。

（2）前文所述的研究结果已从不同角度证明了图书馆在信息分化治理中的重要作用，这为建设全覆盖的公共图书馆体系提供了依据。但也必须认识到，仅仅硬件建设到位并不能自动弥合信息分化。概言之，图书馆职业在信息分化治理中的作用需要经历两个阶段才能达成：第一阶段是基本资源的建设阶段，这是一个显性的过程；第二阶段是将图书馆服务体系延伸到更多的民众中去，并在服务过程中始终关注信息贫富程度不同的社会人群在信息需求方面的差异，以便根据用户的实际需要提供信息服务。显然，第一阶段是发挥图书馆在信息分化治理中的作用的基础和前提，但后一阶段更为关键。也就是说，硬件建设的完成为图书馆行业实现职业价值提供了契机，但也提出了前所未有的挑战。在市场经济的背景下，一个没有效益的行业显然不会得到社会持续而长久的投入与支持。基于前文的分析发现不难看出，图书馆职业有效参与信息分化治理的一个重要前提，是这一职业有能力为社会提供专业、深入、可持续的信息服务，而这种职业能力的具备显然基于对社会信息化及人们信息行为特征的深入研究。因此，要切实发挥图书馆职业在信息分化治理中的作用，尚需图书馆与情报学理论研究的跟进。

（3）本书发现，信息分化是一种因人群而异的社会现象，因此，没有理由期望以"一刀切"的方式根治信息分化。仅就社会阅读活动中影响男性和女性的不同因素而言，通过社会阅读影响和干预信息分化的一个重要前提是，在活动设计中充分把握各种不同人群所具有的特质，以便有针对性地开展活动，实现社会阅读活动效益的最大化。

四论　构建标准体系

——图书馆标准规范体系构建研究的理论依据、参照指标与建设基础

我国图书馆学界对构建图书馆标准规范体系的关注由来已久。早在 1990 年，黄宗忠教授就提出："标准化是图书馆管理的一种重要方法，是实现图书馆现代化的一个基本前提。没有标准化，就没有图书馆的现代化和专业化。因此，图书馆标准是高速发展图书馆事业，提高图书馆服务质量和工作效率，充分利用图书馆的资源，提高图书馆经济效益与社会效益的一种重要手段。"[1]

近年来，随着我国图书馆事业的发展，各类图书馆及相关机构对于标准规范体系的构建工作得以深入推进。特别是 2008 年 10 月全国图书馆标准化技术委员会设立以后，组织开展了大量建设工作，成效斐然。但是，通过文献调查发现，尽管图书馆标准化工作如火如荼，但很少有研究者对图书馆标准规范体系建设的理论依据、参照体系及其基础展开深入分析。显然，图书馆标准规范体系要获得长久的生命力，就必须将其构建于扎实的理论基础之上。基于这一认识，本部分旨在对我国图书馆标准规范体系研究现状进行文献调查的基础上，从图书馆学基础理论的视角，解读构建图书馆标准规范体系的理论依据，并对国外相关指标体系及其理念进行分析，进而考察图书馆标准规范化的基础，以期丰富学界对图书馆标准规范体系的理论认识，并为图书馆标准规范的制定提供理论参照。

---

[1]　黄宗忠：《论图书馆标准化》，《武汉大学学报》（社会科学版）1990 年第 2 期，第107—114 页。

一　我国图书馆标准规范体系构建研究现状

　　我国研究者对图书馆标准规范体系的研究大致集中在高校图书馆、公共图书馆和数字图书馆三个方面。

　　大量研究者对高校图书馆的标准化工作展开了研究。据邱均平等（2015）研究，截至 2014 年 9 月，在 CNKI 和 CSSCI 两个数据库中，收录的高校图书馆标准化相关文献达 368 篇，这些研究大致集中在如下方面：一是对美欧日等国外高校图书馆标准的研究；二是从资源建设标准、服务标准、管理标准、技术标准等方面探讨了我国高校图书馆标准规范体系的构建问题。[①] 此外，张东华等（2010）对我国《普通高等学校图书馆规程（修订）》与美国《高校图书馆标准》进行了比较研究。[②] 樊玉敬（2000）讨论了高校办学的文献保障标准。贾朝霞（2012）基于平衡计分卡理论分析了高校图书馆采访有效性评价标准。[③] 王荣（2002）分析了高校图书馆书目数据库的标准化建设工作。[④] 王伟赟（2006）讨论了高校图书馆特色数据库建设标准问题。[⑤] 张惠君等（2006）评述了"CALIS 重点学科网络资源导航库"标准与规范。[⑥] 彭一中等（2013）探讨了高校图书馆服务标准化问题。[⑦] 郭晶等（2014）考察了高校图书馆学科

[①]　邱均平、李小涛：《高校图书馆标准化研究的回顾与展望》，《图书情报工作》2015 年第 59 卷第 2 期，第 76、133—137 页。

[②]　张东华、那春光：《我国〈普通高等学校图书馆规程（修订）〉与美国〈高校图书馆标准〉比较研究》，《图书馆建设》2010 年第 2 期，第 87—89 页。

[③]　贾朝霞：《基于平衡计分卡理论的高校图书馆采访有效性评价标准》，《图书馆工作与研究》2012 年第 12 期，第 122—124、128 页。

[④]　王荣：《谈高校图书馆书目数据库的标准化建设》，《情报杂志》2002 年第 8 期，第 97—98 页。

[⑤]　王伟赟：《高校图书馆特色数据库建设标准刍议》，《情报资料工作》2006 年第 3 期，第 43—45 页。

[⑥]　张惠君、张春红、萧德洪等：《"CALIS 重点学科网络资源导航库"标准与规范述评》，《大学图书馆学报》2006 年第 3 期，第 28—32 页。

[⑦]　彭一中、凌美秀：《高校图书馆服务标准化探讨》，《图书馆》2013 年第 1 期，第 105—106、109 页。

馆员能力标准与资质认证规范研究。① 李永红（2006）从标准化的
角度阐述了高校图书馆开展标准化工作的必然性和重要性，探讨了
知识经济时代标准化工作在高校图书馆发展中的作用。

　　也有研究者对公共图书馆的标准规范体系问题进行了研究。王
立波（2013）探讨了公共图书馆开展标准化建设的作用，介绍了公
共图书馆标准化建设的原则与程序，指出了公共图书馆标准化建设
应注意的问题。② 刘小斌（2013）以东莞图书馆为例，分析了公共
图书馆标准化体系构建的相关问题。③

　　针对数字图书馆的标准与规范的建设框架问题，张晓林等
（2003）展开了系统论述，对我国数字图书馆建设起到了引导作
用。④ 刘锦山（2001）对中国数字图书馆标准化工程建设进行了
探析。⑤ 李晟光（2006）对数字图书馆标准化的成本—收益进行
了分析。⑥

　　此外，刘兹恒等（2015）对照 ISO 和 IFLA 的图书馆标准规范体
系，分析了其对我国图书馆标准化工作的启示。⑦ 王世伟（2015）
指出，着力于"全面小康"目标的实现、着力于"十三五"规划的
制定、着力于"面向国际"战略的谋划是图书馆标准化工作的三个
着力点。⑧

---

　　① 郭晶、兰小媛、宋海艳等：《高校图书馆学科馆员能力标准与资质认证规范研究》，
《图书情报工作》2014 年第 58 卷第 11 期，第 48—53 页。

　　② 王立波：《公共图书馆标准化建设探析》，《科技情报开发与经济》2013 年第 6 期，
第 163—165 页。

　　③ 刘小斌：《公共图书馆标准化体系构建的实践与思考——以东莞图书馆总分馆为例》，
《黑龙江史志》2013 年第 5 期，第 179—180 页。

　　④ 张晓林、肖珑、孙一刚、陈凌、刘炜：《我国数字图书馆标准与规范的建设框
架》，《图书情报工作》2003 年第 4 期，第 7—11、64 页。

　　⑤ 刘锦山：《中国数字图书馆标准化工程建设探析》，《现代图书情报技术》2001
年第 6 期，第 6—8 页。

　　⑥ 李晟光：《数字图书馆标准化的成本—收益分析》，《情报杂志》2006 年第 3 期，
第 144—145、147 页。

　　⑦ 刘兹恒、孟晨霞：《ISO 和 IFLA 的图书馆标准规范体系对我国图书馆标准化工作的
启示》，《图书情报研究》2015 年第 1 期，第 6—13 页。

　　⑧ 王世伟：《图书馆标准化工作的三个着力点》，《国家图书馆学刊》2015 年第 2 期，
第 12—14 页。

二 图书馆标准规范体系构建的理论依据

（一）可能性："客观知识" 视角下的图书馆标准规范体系构建

英国哲学家科尔·R. 波普尔（Karl R. Popper）提出的"三个世界"理论由于完整地回答了图书馆何以可能标准化的问题，因此，可被视为图书馆走向标准化重要的理论依据。波普尔指出，"世界一"是物理世界，"世界二"是精神世界，"世界三"则是客观的思想内容，特别指科学的因果思想以及技术作品的知识世界。其中，物质世界与精神世界相互影响，而世界三却自成一体，是一个完全独立自主的世界。① 波普尔认为，每一本书都是客观知识的凝结，无论这种知识是真是假，有用或无用，有读者阅读或没读者阅读。

自波普尔的学说产生后，图书情报学（LIS）领域的研究不断丰富其内容，贝特拉·布鲁克斯（Betram Brookes）所提出的"知识观"则是其中最重要的成果之一。布鲁克斯提出，波普尔的"世界三"必须延伸到信息。② 布鲁克斯认为，世界三中的客观知识即为记录、语言、艺术、科学、技术等文类思想产品，信息科学（information science）的根是客观的知识理论，而不是主观的知识理论。布鲁克斯进一步指出，自然科学家和工程师开拓第一世界，而将他们的成果记录于世界三；社会科学家和人文学家的研究，属于世界二，通过与世界一的相互作用，而将其记录存留于世界三；图书馆和信息服务职业的从业者的工具则是收集和组织世界三的纪录，相关理论则是研究世界二和世界三如何相互作用，使知识能够被更有效地利用。③

显然，如果承认波普尔所述的"客观的知识世界"的存在，那

---

① Popper, Karl., *The Open Society and Its Enemies*, 5ᵗʰ ed., Princeton University Press, 1966, Chapter 15, Sect, Ⅲ.

② Brookes, Betram C., *Journal of Information Science*, No. 2, 1980, pp. 125-135.

③ Ibid.. 本部分转引自何光国《图书馆学理论基础》，三民书局股份有限公司 2001 年版，第 177 页。

么图书馆的职业活动就可被视为客观知识的收集、整理、储存及提供利用等活动。通过布鲁克斯的界定，可以清晰地看出，由于图书馆及相关信息服务行业职业活动的主要对象是"客观知识"，因此，构建图书馆标准规范体系是完全可能的。

（二） 必要性："五定律"视角下的图书馆标准规范体系构建

既然图书馆标准规范体系的构建因"客观知识"而具备完全的可能性，则进而需要回答另外一个重要的问题，构建图书馆标准规范体系有何必要？

由印度图书馆学家 S. R. 阮冈纳赞（S. R. Ranganathan）提出的"图书馆学五定律"（Five Laws of Library Science），被誉为对图书馆职业的最简洁表述。五定律的主要内容包括：书为利用（books are for use），读者有其书（every reader his book），书有其读者（every book its reader），节省读者时间（save the time of the reader），图书馆是一个成长的有机体（library is a growing organism）。[①] 无疑，阮冈纳赞描述了图书馆的理想面。然而，在现实中，达成这五个定律殊非易事。我国台湾图书馆学家何光国指出，现实中的图书馆职业实践常常可以描述为：书是为归集而非利用，有些读者不得其书，有些书在书架上收集尘埃，浪费读者和馆员时间，图书馆是一个成长的旧货仓库。[②] 杰西·H. 谢拉（Jesse H. Shera）也指出，世界上再完善的图书馆，恐怕也无法完全达到阮冈纳赞所列举的五项标准，尤其是其中第二和第三律。[③]

不难看出，把图书馆的理想面转化为现实面，是一个艰辛的过程。其中，馆藏资源难以被用户充分利用是制约图书馆由理想面转化为现实面的主要障碍。实现管理过程与馆藏资源的标准化、统一性，是构建图书馆标准规范体系的基本目的。通过标准规范体系的

①　Ranganathan, S. R., *Five Laws of Library Science*, 2ⁿᵈ, Bangalore, Sarada Ranganathan Endowment for Library Science, 1989.

②　何光国：《图书馆学理论基础》，三民书局股份有限公司 2001 年版，第 105 页。

③　Shera Jesse H., *Introduction to Library Science*, Littleton, CO: Libraries Unlimited, 1976, p. 55.

构建，有效提高馆藏资源的可获取性，显然是连接图书馆理想面与现实面的桥梁。从这个意义上说，要达成图书馆的职业目标，跨越从理想面到现实面的鸿沟，就必须构建完善的图书馆标准规范体系。在网络化、信息化的社会背景下，这一体系的构建显得尤为紧迫。

（三）现实性：“社会认识论”视角下的图书馆标准规范体系构建

当代图书馆职业面对的最大现实是，无处不在的网络及其承载的数字化资源已成为人们获取信息的主要渠道。面对这一现实，图书馆职业正在经历一场嬗变。

“社会认识论”的创立者，美国学者杰西·H. 谢拉（Jesse H. Shera）认为，图书馆专业馆员的责任是将世界上最佳著作交给最需要它的读者。[1] 从谢拉的视角看，读者与馆藏资源之间存在着鸿沟，必须依靠图书馆这座桥才能结合在一起。我国台湾图书馆学家沈宝环基于 Shera 的理论，提出两点重要认识：其一，信息资源与读者之间，无须馆员的中介也能结合。无疑，这一观念导致图书馆应走向开架。其二，馆员要想在信息资源之间扮演中介的角色，则须具备一定知识水平并洞悉读者所需。早在互联网尚不够普及的 1994 年，就有学者指出，熟悉网上检索的读者，实际上不再需要图书馆和馆员做中介而取得所需信息。[2] 然而，即使在网络广为普及的今天，只要图书馆赖以生存的记录仍然存在，图书馆就仍然存在着勃勃生机，只是信息资源（至少部分地）从有形走向无形，信息服务（至少部分地）从面对面走向远程化、虚拟化。正是基于这一状况，与网络资源之间的有效对接已成为图书馆事业发展的关键环节之一。展望未来，图书馆作为社会信息交流系统中的一部分，主动走向标准化，从而自觉地服从于整个社会信息交流系统的规制，这将不仅是图书馆职业价值在信息时代的基本体现，甚至直接关乎图书馆职业的存亡。

---

① Shera, Jesse H., *Introduction to Library Science*, Littleton, CO: Libraries Unlimited, 1976, p. 64.

② Lynch, Clifford A., "Research Libraries, Information Professionals and the Networked Information Revolution", *in the LSU Libraries Schwing Lecture Series*, No. 61, 1994, p. 4.

我国台湾学者何光国对网络时代的图书馆在社会信息交流系统中的新角色进行了深入分析。他指出，进入21世纪以来，面对社会信息化程度日益加深的社会现实，图书馆是否能保持生机，则要看它们是否能够像过去数千年一样，机灵地、紧紧地随着信息记录形式及使用方法的变迁，而即时相应更易。这便是图书馆亘古不变的生存大道理和哲学根本。同时，何光国还基于对信息社会背景下"新经济"的观察，提出图书馆今后企业和服务发展的指南：资讯本体二值化、资讯载体多元化、资讯内容密集化、资讯组织自动化、资讯需求个别化、资讯服务专业化、资讯供应商业化、资讯沟通双向化、资讯传输宇宙化、资讯资源国际化。基于上述分析，何光国指出，"在21世纪'数位化资讯社会'里，资讯将全盘'数位化'，'纪录'的格式也必须趋向统一。……，现代的图书馆是毛毛虫，21世纪后半世纪的'图书馆'将会是一只美丽万千的蝴蝶"[1]。无疑，图书馆业务走向标准化，正是对数字化时代的"机灵"地顺应。

总之，从理论视角来审视，构建图书馆标准规范体系兼具可能性、必要性和现实性。在"数字图书馆"甚嚣尘上的今天，图书馆的标准化趋向更显得紧迫。何光国认为，数位化资讯传送和收受的各种软硬件设计规格统一，数位化资讯传送、检索和使用格式标准统一，数位化资讯编目分类品质管理统一集中，数位化资讯编目分类应采用统一标准等九个方面是"虚拟图书馆"的生存条件和必经之路。[2] 显然，这些问题都与图书馆标准化之间息息相关。

三　图书馆标准规范体系的参照指标及其理念

自20世纪末以来，我国图书馆界针对图书馆业务活动，起草了一系列标准、规范，初步形成了一个既与国际接轨，又有中国特色的图书馆标准规范框架。整体而言，我国图书馆相关标准文件从内

---

[1]　何光国：《图书馆学理论基础》，三民书局股份有限公司2001年版，第105页。
[2]　同上。

容上借鉴国外规范文本，努力体现国际图书馆界相关标准规范的理念。大致来说，我国图书馆相关标准规范参照的指标体系及其理念如下。

（一）ISO 系列标准及其理念

从一定程度上说，我国图书馆的标准规范工作源自 1978 年我国恢复 ISO 成员国资格。自 1979 年全国信息与文献工作标准化技术委员会（原全国文献工作标准化技术委员会）成立以来，我国图书馆工作者参照国际标准，制定了大量规范文件，这些文件从不同角度体现了 ISO 相关标准的理念。

（1）ISO11620：1998 及 ISO11620：1998/Amd. 1：2003。

即图书馆绩效指标（Information and Documentation – Library Performance Indicators）（第 1 版，1998 年 4 月）和图书馆绩效指标补充本（Information and Documentation – Library Performance Indicators Amendment 1：Additional Performance Indicators for Libraries）（补充本第 1 版，2003 年 7 月）。这一指标的基本理念在两方面：一是比照图书馆自身的任务、目的和目标，对其服务及相关活动质量和资源利用效率进行评估；二是通过过程性评估，促进图书馆业务流程的规范化和标准化，最终实现图书馆之间的比较。

（2）ISO/TR20983：2003。

即电子图书馆服务绩效指标（Performance Indicators for Electronic Library Services）（第 1 版，2003 年 11 月）。其核心理念是，基于"成长性"评估，证明图书馆价值并促进馆际比较。具体评估策略是，通过对单个图书馆不同年度绩效数据的比较，发现图书馆历年以来业务量与业务结构的变化，从而识别其图书馆的"成长性"，并据此做出管理决策。

（3）ISO2789：2006。

即国际图书馆统计（Information and Documentation – International Library Statistics）（2006 年 9 月第 4 版）。这一指标体系所体现的最重要理念是，经过标准化的图书馆业务活动与其他相似机构之间是类似的，通过对标准化的图书馆业务流程的全程监控，并通过图书馆与其他部门之间的比较，可以有效评估图书馆业务活动的价值与效益。

（二）GB/T19580—2012 及其在图书馆标准化中的应用

除 ISO 标准外，我国图书馆界还积极参照更大适用范围的标准规范文本，努力提高图书馆工作效益。近年来，卓越绩效评估工作已得到图书馆界的一定重视。卓越绩效评价准则（GB/T19580—2012）是由国家质监局和中国国家标准化管理委员会发布，属我国国家标准。这是一个适用于对各类组织机构进行评估的准则。2013年，东莞图书馆在东莞市卓越绩效评估中获得一等奖，首开我国公共文化机构展开卓越绩效评估的先河。

卓越绩效评估的整体架构包括"两个三角"、"七大模块"。两个三角即，"驱动三角"——领导、战略、顾客与服务对象和"从动三角"——资源、过程、结果。七大模块指领导力与组织架构，战略目标的设定与实施，服务对象的界定与业务活动的展开，资源的整合与协调，价值创造过程及其支撑系统，绩效测量与知识管理，结果评估与反馈机制。这一评估可被用来作为业务工作改进工具、管理水平提升工具和服务绩效衡量工具。

从图书馆标准规范体系建设的角度来看，卓越绩效评估体现了如下基本理念：用户需求导向，实现发展战略标准化；关注价值创造，追求绩效输出标准化；优化管理过程，促进业务流程标准化。卓越绩效评估所体现的核心价值观对于图书馆标准规范体系建设具有非常重要的参考价值，具体包括正确的发展方向和组织文化，顾客驱动，强调组织和个人的学习，重视员工和合作伙伴，快速反应和适度灵活，关注未来，促进创新，基于事实展开管理，积极承担社会责任与公民义务，关注结果和创造价值等。

（三）国际图书馆界质量管理项目的主要理念

图书馆质量管理项目着眼点在于对图书馆的服务行为和服务效益进行评估，这些项目所体现的理念对于构建图书馆服务标准具有较高的参考价值。

（1）LIBECON①

即国际图书馆管理研究项目（International Library Economics Research Study）。这一项目是由联合国教科文组织（UNESCO）、法国国际公共财经研究院（The Institute of Public Finance）、欧盟委员会、国际图联（IFLA）等机构发起的。其主要目标是，建成一个定标比超的工具，通过为决策者提供数据信息支撑，促使全球化层面的图书馆行业政策的形成。贯穿于 LIBECON 的核心理念是，基于对图书馆事业运行成本的分析，考察图书馆事业的社会价值。

（2）LibQUAL + ②

LibQUAL +系统是由美国研究图书馆学会（ARL）为美国及国际图书界提供的统计及评估图书馆服务质量的一整套在线服务。其核心理念是，基于读者角度而展开图书馆的业务活动。具体而言，这一系统通过征求、跟踪、了解读者对图书馆质量的意见，进而将这些意见转化为开展业务活动的具体依据。

（3）SCONUL③

SCONUL（Society of College，National and University Libraries）由英国和爱尔兰的大学图书馆共同组成。这一平台主要提供图书馆绩效测评数据、工具及测量技术。其核心理念是，基于对电子资源的全面评估，有效支撑学术研究，实现大学图书馆的职业价值。

（4）LISU④

LISU（Library and Information Statistic Unit）是一个重要的图书馆服务研究机构，一直致力于为英联邦相关国家提供相关统计信息。LISU 的核心理念是，通过基于绩效评估，形成独立的"第三方"建议，以便为图书馆职业针对文化和学术研究开展活动提供管理支撑。

（5）COUNTER⑤

COUNTER（Counting Online Usage of Network Electronics Re-

---

① http：//www. libecon. org.

② 同上。

③ http：//www. sconul. ac. uk.

④ http：//www. lboro. ac. uk.

⑤ http：//www. projectcounter. org.

sources），即网络电子资源在线利用统计项目。这一项目是由一家注册于英国的公司——COUNTER Online Metric 负责运营管理。其基本理念是，通过设立标准，促进采用统一的、可靠的和兼容的方法来记录和报告在线利用统计，从而为图书馆员、出版商和中间服务商服务。

（四） IFLA 相关标准的理念与启示

IFLA（The International Federation of Library Associations and Institutions）[1] 作为当前最大的图书馆行业性国际组织，在图书馆标准规范体系的构建方面发挥了重大作用。迄今为止，IFLA 及其各分支机构已出台了大量标准规范文本，得到了世界各国图书馆界的普遍应用。2012 年，IFLA 成立了标准化委员会（Committee on Standards），作为六个战略计划中的一个，全面协调 IFLA 内部和外部的标准化工作，同时也支持各个专业部，尤其是专业组的标准化工作，标志着 IFLA 图书馆标准化工作迈向一个新的台阶。[2] 这些标准涉及技术、服务、流程等多个方面。例如，1996 年，IFLA 学术和研究图书馆专业组颁布《学术图书馆绩效评估国际指南》（*Measuring Quality：International Guidelines for Performance Measurement in Academic Libraries*）。该指标体系重心在以用户为导向的指标上，包括有效性、文献传递、馆藏利用、采访速度、图书加工处理速度、馆际互借速度以及用户满意度等。[3] 该指南所体现的基本理念包括：图书馆职业活动质量评估应该具有可比性，优质的图书馆业务活动就是要用最合理的工作成本获得可靠的业绩。

---

① http：//www.ifla.org.
② 刘兹恒、黄佩：《ISO 和 IFLA 的标准化工作机制研究》，《图书情报研究》2015 年第 1 期，第 14—20 页。
③ 张红霞：《图书馆质量评估体系与国际标准》，国家图书馆出版社 2008 年版，第 22 页。

四　我国图书馆标准规范体系建设的基础

（一）社会基础

21世纪以来，社会信息化程度日益加深，经济、政治、文化等诸领域都发生了深刻的变迁。在信息资源日益上升为重要战略资源的背景下，作为专业信息服务机构的公共图书馆，需要比其他行业更迅捷地适应数字化、网络化的社会环境。无论从硬件环境还是软件条件看，信息资源赖以传播的网络都是一个高度标准化、规范化的体系。作为信息资源的存储者和提供者，图书馆无疑需要自觉实现标准化、规范化，以便能接入整个社会的信息交流系统之中。

（二）政策基础

自2012年起，我国政府实施的"三馆"免费开放政策已经使数以亿计的民众受益。然后，图书馆职业的从业者必须意识到，作为政府支撑的公益性文化服务部门，公共图书馆只有不断地向社会证明自己的效益与价值，方能得到社会源源不断的支持。长远地看，公共资源必将（也只能）向能产生最大社会效益的部门集中。构建图书馆标准规范体系的一个目的，是把图书馆置入社会效益评估的整体环境之中，以便实现图书馆与其他机构之间的效益的实质性比较。只有通过这种跨部门的比较，图书馆才能向全社会证明自身的效益，而只有充分地证明了自身的效益，图书馆才能得到持久而强劲的支持。

（三）职业基础

知识组织整理方法是图书馆学最富有生命力和动态性的领域之一。[1] 从杜威十进分类法开始，现代意义上的分类体系已历经一个多世纪而不衰，并在数字化的时代焕发出了新的勃勃生机。图书馆学

---

[1]　于良芝：《图书馆学导论》，科学出版社2003年版，第32页。

家里士满（Richmond）曾乐观地预言，"在已有的分类法、参照系统、索引、叙词表等技术之外，我们完全有可能增添处理更难问题的更复杂的方法"①。不难看出，知识整序是图书馆职业的核心业务，而这一业务正是基于一整套标准化、规范化的体系而展开的。

（四）方法论基础

著名标准化专家李春田把标准化的方法论基础归结为三个方面：② 一是目标导向。即标准化是先有目标并且以目标为先导，引领标准化全过程。目标导向是标准化方法论的一块重要基石。在图书馆标准规范体系构建中，所涉及的环节、部门都分别承担着为确保总目标实现的分目标，从而形成图书馆业务活动的高度组织性和整体效能。二是系统分析。在构建图书馆标准规范体系的过程中，始终伴随着决策和执行的反复交替。诸如分析服务对象、确定总目标、明确相关要素、分析要素之间以及要素与整体之间错综复杂的关系、目标分解、对标准规范体系的评审，直到标准规范体系的验收。三是整体协调。标准规范体系及其影响因素是一个整体，要仔细分析和确定它的内部和外部因素的性质和作用。这就要求图书馆业务活动的每一个环节都必须放到系统中加以考察和调整，都必须符合系统整体的要求。所谓整体协调，简单地说，就是为实现最佳整体目标而优化业务流程，根据总目标的要求同时相互协调。整体协调是构建图书馆标准规范体系过程中最难的工作，同时也是最具特色、最有价值的工作。可以说整体协调是创造价值的活动，是图书馆规范标准体系之所以能获得最佳整体效益的内在根据。

---

① Richmond P. A., "General Theory of Classification", in: Bengtson B. G., Hill J. S. ed., *Classification of Library Materials: Current and Future Potential for Providing Access*, New York: Neel-Schuman Publishers, 1990, p.18.

② 李春田：《综合标准化的理论基础》，《中国标准化》2011 年第 3 期，第 1—4 页。

五　结语

标准规范体系的构建已得到我国图书馆界的广泛关注。本部分在对我国图书馆界对图书馆标准规范体系构建研究现状进行梳理的基础上，从理论依据、参照标准和基础三个方面展开了分析。就图书馆标准规范体系的理论依据而言，本部分提出，"世界三"理论解释了其可能性，"图书馆五定律"解释了其必要性，而"社会认识论"解释了其现实性。进而，本书对 ISO 及 IFLA 所制定与图书馆相关的标准所体现的理念进行了解读，同时分析了若干图书馆质量评估项目，从而为构建我国图书馆标准规范体系提供了参照。本部分的最后，还从社会基础、职业基础、政策基础和方法论基础四个方面对构建图书馆标准规范体系的基础进行了分析。

五论　优化绩效评估[*]

——公共图书馆卓越绩效管理主要模块的案例解析

　　绩效评估模式的选择对公共图书馆达成服务目标和彰显职业价值具有不言而喻的重要意义。多年来，我国图书馆已引入了多种绩效评估模式，取得了可贵的经验。自 2012 年以来，东莞图书馆以《卓越绩效评价准则》（GB/T19580—2004 和 GB/T19580—2012）为抓手，参照国家标准，整合各类资源，优化管理流程，取得了良好的管理效果。2012 年，该馆以优异的成绩获得"东莞市政府质量奖"，不仅极大地向社会各界展示了公共图书馆的社会效益，也为公共图书馆基于卓越绩效评价准则而开展管理工作的标准化提供了重要参照。

　　在大力开展卓越绩效管理实践的基础上，东莞图书馆也展开了一系列研究。2012 年，东莞图书馆对卓越绩效管理实践进行凝练，申报并获准立项广东省社会科学研究项目《公共图书馆卓越绩效管理标准化研究》。作为这一课题的阶段性成果，2013 年，东莞图书馆课题组在《图书馆建设》上发表了一组研究论文。这些论文包括：李东来、奚惠娟撰写的《图书馆卓越绩效管理的驱动——领导力与战略管理》，冯玲、张利娜撰写的《卓越绩效模式下的图书馆创新研究》，李正祥、杨晓伟撰写的《关注组织和个人的学习——东莞图书馆人力资源建设实践与思考》，莫启仪、钟敬忠撰写的《以需求为导

　　* 本部分的初始文稿来自由东莞图书馆承担、本书作者主笔的广东省社会科学研究项目《公共图书馆卓越绩效管理标准化研究》的研究报告，作为这一课题的主要阶段成果，课题组成员于 2013 年 7 月在《图书馆建议》刊发了一组系列论文，本部分中所参阅的与东莞图书馆有关的数据资料均来自这一组研究论文。

向的卓越绩效管理——东莞图书馆以用户为中心的服务实践》，杨累、赵爱杰撰写的《基于事实的管理——东莞图书馆绩效评价与过程管理的实践思考》。在课题组的委托下，本书作者以阶段性研究成果为基础，主笔撰写了《公共图书馆卓越绩效管理标准化研究》的结题报告。

　　本部分旨在以东莞图书馆实施的卓越绩效管理标准化实践为案例，以广东省社会科学研究项目《公共图书馆卓越绩效管理标准化研究》的阶段研究成果和结题报告为基础，对公共图书馆基于《卓越绩效评价准则》开展日常管理的主要模块和基本做法进行系统介绍，以期为我国公共图书馆优化绩效评估提供可资借鉴的有益启示。

一　整体框架

　　公共图书馆卓越绩效管理标准化所体现的主要目的是：以卓越绩效为工具，通过导入标准化的管理流程，实现公共图书馆整体绩效的最大化和服务质量的最优化。图5—1从整体上概括了公共图书馆卓越绩效管理标准化的基本模块及其作用方式。

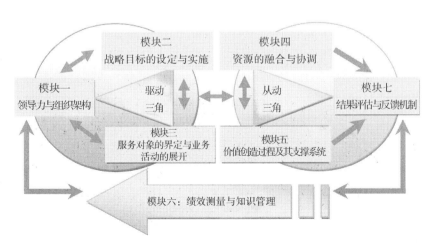

图5—1　公共图书馆卓越绩效管理标准化的整体框架

由图5—1可见，公共图书馆卓越绩效管理标准化由"两个三角"及"七大模块"构成。具体如下：

（一）"驱动三角"——领导、战略、顾客与服务对象

在驱动三角中，"领导"是第一驱动力，发挥把握全局和方向的关键作用，"战略"明确了组织发展的目标、内容和节奏，而"顾客与市场"的需求是组织的领导决策与战略制定的基础。因此，从管理是以人为中心的协调活动的角度，领导与战略构成了卓越绩效管理在主观层面、在组织内部的核心驱动环节。[①] 制定战略的过程不是拍脑袋决策的过程，而是在对图书馆用户的实际状况与图书馆平台所能提供的信息资源及服务能力进行深入分析研究的基础上，着眼未来，对公共图书馆未来发展做出的全局性安排。对图书馆管理而言，领导和战略是图书馆创新与转型发展的关键驱动要素。具有远见卓识的图书馆领导，对于整个图书馆组织建立应对未来行业发展和生存环境变化的战略优势从而取得长期成功起着"导航"作用。图书馆领导不仅要有远大的战略目标，对图书馆未来发展有清晰具体的分析研判，形成图书馆事业发展的纲领和规划，还要影响馆员去努力实现图书馆组织的目标，在组织中建立起一种氛围、一种促使人们为了实现组织目标而全力以赴的文化氛围，图书馆馆长需要把个人目标与公共事业密切结合起来，把政府要求与公众需求完美融合起来，分析用户和市场特点，制定事业发展战略，并通过组织文化的建设，培养组织价值观念的向心性，设法使每一位馆员将这种事业目标和价值观念自觉地根植于、体现在自己的工作中和行动上。由此可见，图书馆领导不仅对于图书馆战略发展、对图书馆读者和相关方的关注发挥出重要作用，而且在图书馆的组织文化、价值观、授权、绩效目标、员工激励、业务流程、创新学习等方面都起到了十分重要的作用。应该说，公共图书馆卓越绩效管理模式的构建，领导作用的发挥乃是首个要件。

[①] 李东来、奚惠娟：《图书馆卓越绩效管理的驱动——领导力与战略管理》，《图书馆建设》2013年第7期，第2—6页。

（二）"从动三角"——资源、过程、结果

在从动三角中，资源既是确保战略规划和长期发展目标实现的基础保障，也是服务于价值创造过程和支持过程、确保各过程有效运行的重要保证；过程管理是战略执行的具体表现，也是组织系统将输入转化为输出的关键部分，同时还是组织不断改进和创新的实现路径；结果就是组织的绩效输出，与过程和资源有着十分密切的联系。具体到公共图书馆而言，图书馆的资源是一个庞大的体系，包括人力资源、财务资源、信息和知识资源、技术资源、基础设施以及相关方关系等，其中人力资源和信息资源在图书馆资源中占有的分量最重，是核心资源。图书馆的过程管理则应该围绕读者服务这一核心宗旨来优化设计价值创造过程和支持过程，包括为读者创造价值的关键知识产品、信息服务、阅读活动以及支持这些价值创造过程的诸多业务流程，并为这些过程的管理、改进和持续创新提供人、财、物的资源保障。同时，图书馆自身拥有的技术、信息和相关方关系等也是过程管理从需求识别、过程设计到管理控制、改进创新必须关注的要素。图书馆的结果主要是指各项公共服务的绩效输出，不仅包括借阅量、访问人次、活动数量等以产品和服务为中心的绩效结果，而且还包括读者满意度、忠诚度、抱怨评价等以顾客为中心的绩效结果，而后者往往是以往公共图书馆较少关注的方面。好的结果不一定源自好的过程，但好的过程必然导致好的结果，所以，过程与结果是密不可分的，这就需要图书馆组织将对服务结果的重视延伸到对于业务过程的优化和改进上来。

公共图书馆实施和开展卓越绩效管理，应重点关注信息资源的建设和馆员的培训发展，以图书馆的战略规划为指引，一方面合理建设信息资源，与时俱进丰富馆藏，通过各种服务和活动提升馆藏利用效率，从而提升图书馆的知名度和竞争力；另一方面有效配置人力资源，通过工作系统的管理和优化、员工的学习与激励以及对员工权益的维护和满意度的关注，调动员工的积极性，充分发挥员工的才智潜能，在组织目标实现的同时，实现员工个人发展的目标。正如东莞图书馆馆长李东来曾强调的，作为新时期的现代化图书馆，主要有两个重点，一个是藏书，一个是藏人。书和人构成了公共图书馆的核心资源和竞争力，而各种围绕图书开展的服务和活动以及围绕人设计的工作流程、培训学习则构成了图书馆的重点价值创造过程，将核心资源与重点服务过程的完美融合，则导致了公共图书馆卓越的绩效输出结果。当然，这个从动三角的三要素要激活运转起来，还得靠驱动三角的强力驱动，这里面就包括了图书馆长（领导）对图书馆未来发展的清晰构想（战略），市民的图书馆意识以及他们对于图书馆服务功能的期许和要求（顾客与市场），这些都是驱动图书馆组织不断激活现有资源、改进运营过程、提升绩效结果的源源动力。

二　模块一：领导力与组织架构[①]

在"驱动三角"中，领导力与组织架构是重要的组成部分，这部分构成了公共图书馆卓越绩效管理标准化的第一个模块。该模块由领导层、组织治理和社会责任三个部分构成，具体如图 5—2 所示。

（一）图书馆领导力建设

领导力是组织持续发展的前提，是一个组织成功的关键。卓越的领导力不仅要求高层领导团队能够带领组织不断取得发展，取得更高的绩效，使之成为卓越的组织，同时要求其对高层领导体系进行自身评价和改进，优秀的图书馆领导需要在业务、管理和责任精神方面不断提升。

1. 图书馆领导力的概念

图书馆领导力是以图书馆馆长为核心的高层领导团队在带领整个图书馆向着共同的愿景目标不断发展的过程中所体现的规划力、

---

① 本部分重点参阅了广东省社会科学研究项目《公共图书馆卓越绩效管理标准化研究》阶段成果：李东来、奚惠娟《图书馆卓越绩效管理的驱动——领导力与战略管理》，《图书馆建设》2013 年第 7 期，第 2—6 页。

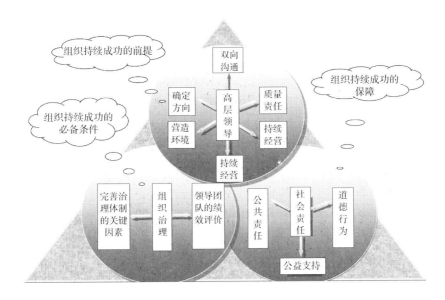

图5—2 领导力与组织架构模块

决策力和影响力。

从规划力的角度看，远见卓识的领导是卓越绩效管理的核心价值观之一，前瞻性是规划力建设的主要目标。规划力要求高层领导在图书情报及相关专业领域拥有广阔的视野和战略性思维，能够敏锐地捕捉和发现对图书馆未来发展起重要作用的信息，形成组织战略规划的要点，能够对图书馆未来一定时期内发展的整体性、基本性问题（如图书馆的定位、资源建设、人才发展等）给出指导性意见和思路，为图书馆的未来发展树立方向、目标。

决策是对可选方案进行分析、判断和选择的过程。管理学大师赫伯特·西蒙提出"决策是管理的心脏；管理就是决策"[①]，决策力考量的是决策的正确性，判断依据是决策方案实施的效果，即有效性。卓越绩效管理要求高层领导定期评审组织绩效，根据绩效评审结果确定改进关键业务的优先次序。在以以人为本为理念的图书馆

---

① 柯平：《我们需要什么样的图书馆馆长》，《国家图书馆学刊》2011年第1期，第6—11页。

事业发展中，领导决策的有效性最终要通过读者满意度、员工满意度的指标及社会反响来评价，作为领导者应始终关注这些指标和评价，谨慎做出决策。

影响力，也可以称作感召力或无形的领导力，是领导力的本质，也是领导力追求的最高目标。卓越绩效管理要求领导者以自己的道德行为、领导力、进取精神发挥表率作用。[①] 相对于企业，图书馆没有经营利润和灵活的薪酬分配制度的激励，要充分发挥组织成员作用，开展创新性工作，领导者的影响力显得尤为重要。这种无形的领导力需要图书馆高层领导在专业、能力、个性风格、价值取向等方面有意识地自我经营管理，信服和凝聚人才，激发人才的自发、自主性和创造力。

2. 图书馆领导职能承担

图书馆高层领导对组织运营的作用主要体现在文化、管理和社会上，其实施的管理职能可以概括为组织文化体系建设、管理机制建设和社会责任承担三个方面。

就组织文化体系的建立与沟通而言，组织文化是组织发展过程中所形成的价值观念、行为准则等意识形态和物质形态的总和，[②] 卓越绩效管理中高层领导的作用首先强调的就是确立组织价值观、发展方向目标，营造创新、学习和快速反应的组织氛围、环境。图书馆高层领导应能够明确图书馆的使命、愿景、核心价值观、办馆理念、方针等，并通过不同场合和途径向馆员、读者、资源供应商、服务供应商、同行等相关方传达及进行沟通，以增进馆员和相关方对组织的了解，内化形成统一的认识。

以东莞图书馆为例，该馆高层领导以新馆建设为契机，面对 21世纪社会环境、信息技术、公众需求的急剧变化，主动由传统服务向现代服务转型，把握行业发展趋势和东莞社会经济要求，确定了组织使命和愿景，凝练形成"学习成长、智慧奉献、业务创新、服务惠民"的核心价值观（见图5—3），确立了"开放办馆、人才兴

①　中国质量协会、卓越国际质量研究中心：《卓越绩效评价准则实务》，中国标准出版社2011年版，第13页。

②　《企业文化体系》，2013年4月7日（http://baike.baidu.com/view/3596711.htm）。

馆、技术立馆"的办馆思路和"和谐、高效、认真、愉快"的组织
文化八字方针，并对组织文化体系内容进行宣贯泛化、制度固化和
文本深化，即通过组织召开或参加各种会议、举办展览等读者活动、
编发简报、宣传册及网站、媒体等方式广泛传播图书馆文化；在内
部规章制度、文件中规定组织文化的内容，使其明确成为组织的行
动纲领；通过征文、撰文写稿和写书等方式收集馆员、用户对组织
文化的意见、建议，引发深层次思考，从而促使组织文化的真正内
化，成为上下一致的目标指南。

图5—3　东莞图书馆的使命、愿景、核心价值观

（二）组织治理

组织治理是组织持续成功的前提条件。组织治理的有效性不仅
表现在组织治理机制的建立与实施上，同时也表现在组织的战略管
理等方面。

卓越绩效管理强调领导对组织行为的管理责任。一方面，建立、
完善组织治理机制是领导者保障图书馆有效运行的首要任务。管理
是以人为中心的协调活动，人的管理核心是权利和责任的分配与落
实，因此与之有关的组织机构设置、业务职责规定及保障业务职责
落实的监督、评审和改进制度都是组织治理机制建设的内容。另一
方面，组织有效运行有常态运行和创新发展两种状态，致力于卓越

绩效管理的图书馆领导应具有创新发展的追求和眼光，能够在保证组织正常运转的基础上创新性地借鉴和引入一些先进的管理理念和做法，突破组织常规架构的局限，从而最大限度地开发、利用人力资源，为组织的创新发展发挥更大的作用。

以东莞图书馆为例。该馆在常规的部室设置基础上成立了由馆内高层领导牵头、核心部门主任及业务骨干参与的战略规划小组、政府采购小组、绩效评价小组、卓越绩效管理小组及馆外咨询专家组，共同对图书馆运行管理中的重要问题进行规划、审核、决策和推进；在馆长负责制、分管馆长负责制、部门基准制、岗位责任制基础上实施职能部室承担制、首问责任制，引入项目管理理念，实施项目负责制，从个人、团队、部门等多个层面部署和落实岗位与部门责任，调动员工工作和创造的积极性（见图5—4），并通过定期召开馆长办公室会议（每周）、中层干部会议（每季度）、部门绩效分析会（每月）、全馆总结表彰会议（每年）及每周的值班馆长制度、考核小组检查制度来跟进、评审组织治理的落实情况，提出问题和分析问题，对组织目标制定、过程落实、绩效实现起到了重要的作用。

图5—4　东莞图书馆管理责任落实制度

(三) 社会责任的承担

图书馆的社会责任是图书馆职责之外所具有的责任,[①] 包括图书馆在安全、卫生、环保、节能减排等方面的公共责任、诚信守法经营及公益慈善。卓越绩效管理要求图书馆高层领导始终将社会责任作为组织治理的重要内容来积极倡导和落实,还要求其身体力行、带头执行、承担社会责任。以东莞图书馆为例,近年来,该馆不仅采取了一系列措施积极履行公共责任、参与社会捐赠,还努力发挥自身的业务特长,主动为医院、监狱、部队、敬老院、儿童福利院等机构的特殊群体提供阅读服务,援建山区图书室、参与映秀地区震后文化重建等。

三　模块二:战略目标的设定与实施[②]

战略管理是指对一个企业或组织在一定时期的全局的、长远的发展方向、目标、任务和政策以及资源调配做出的决策和管理艺术。通过调查可以发现,国内图书馆较为缺乏战略规划,管理中心大多局限于内部的、常规的和短期的目标和事务,大大落后于经营性企业的战略管理,也落后于国外图书馆同行。具有清晰的战略规划的图书馆很少,更毋论与战略规划制定、实施有关的一系列管理工作,这是图书馆管理中明显的短板,需要我们在实践中重点弥补和加强。

从公共图书馆卓越绩效管理标准化的角度看,战略目标的制定与落实构成了第二个模块 (见图5—5),具体如下:

---

① 黄欣:《公共图书馆社会责任研究综述》,《图书馆杂志》2012年第4期,第7—10页。
② 本部分重点参阅了广东省社会科学研究项目《公共图书馆卓越绩效管理标准化研究》阶段成果:李东来、奚惠娟《图书馆卓越绩效管理的驱动——领导力与战略管理》,《图书馆建设》2013年第7期,第2—6页;柯平《我们需要什么样的图书馆馆长》,《国家图书馆学刊》2011年第1期,第6—11页。

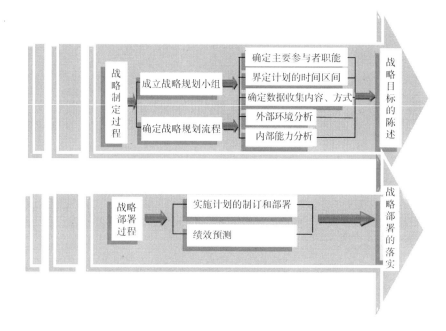

图5—5　战略目标设定与实施模块

（一）图书馆战略制定的基本要求

与传统上认为战略就是规划，就是制定一个方案的看法不同，基于卓越绩效的战略管理关注的是战略从形成到任务分解落实和调整改进的全过程，重点关注战略管理的过程，而非方案的形成。具体来说，卓越绩效模式中组织的战略管理除了具有前瞻性外，还应具备科学性、系统性、有效性的特征要求。

首先，卓越绩效模式下的图书馆战略管理必须具有前瞻性。"关注未来"是卓越绩效管理的核心价值观之一。基于卓越绩效的战略规划的实质是对未来潜在的机会和威胁进行系统的辨析，并结合自身的优势和劣势为组织更好地制定决策提供基础。可见，公共图书馆战略管理不应只满足于眼前的发展水平，还要有战略性思维，关注组织未来持续、稳定的发展，让读者、员工等图书馆利益相关方对图书馆建立长期的信心。[①]

其次，卓越绩效模式下图书馆战略管理必须具有科学性。科学性要求规划的制定要经过科学分析，多方参与和团队共同决策。战略分析包括图书馆外部环境分析和内部能力分析，科学的分析一是基于数据、事实信息的收集分析，二是尽可能多地利用一些经过反复验证的有效的分析方法和模型进行内容分析（如 PEST 分析、SWOT 分析、关键成功因素 KSF 分析等）。战略的科学制定则是多方共同努力的结果，特别是图书馆总体发展战略的制定，重要的职能部门必须参与其中，同时要尽可能借助专家的力量（包括图书馆专家及战略管理方面的专家等）。若经费允许，图书馆也可以参照企业的做法，聘用第三方专业的战略管理咨询机构辅导制定和实施组织发展战略。

再次，卓越绩效模式下图书馆战略管理必须具有系统性。具体体现在图书馆发展战略、绩效目标与图书馆的使命、愿景目标、核心价值观的一致性及长期战略与短期战略的协调性、契合度上。一方面，战略任务和绩效目标是组织核心价值观的体现、具体化和指标化，即战略的制定不能与组织文化相脱节，而应是互相加强的关系；另一方面，短期战略依据长期战略制定，是长期目标的分解、细化。

最后，卓越绩效模式下图书馆战略管理必须具有有效性。有效性关注的是战略实施的结果，它集中体现为组织关键绩效指标的完成度。一方面，必须首先明确组织的关键绩效指标，这是一项复杂、系统的工程，也有不同的方法；另一方面，完成度是一个对比数据，既要在以往基础上有一定的增进（有些指标的完成体现的是下降的趋势），还必须要同行业标杆进行对比，设定和选择恰当的增长目标、同类标杆。

（二）图书馆战略规划的主要内容

按照卓越绩效管理的要求，针对图书馆的业务特点和工作重心，

---

① 赵益民：《图书馆战略规划流程研究》，国家图书馆出版社 2011 年版，第 26—27 页。

图书馆的战略规划至少应包括以下几方面内容。

1. 事业发展总体规划

这也是图书馆的长期规划，明确的是图书馆今后一段时期内的发展方向、总体目标、具体目标任务（包括图书馆业务、管理、人员等各方面的目标任务）和实施步骤，是图书馆最重要的行动纲领。在普遍均等、惠及全民的理念影响下，城市图书馆事业发展总体规划应注重在公共服务体系建设方面的规划设计，而不应仅仅局限于单馆的发展规划。

2. 人力资源发展规划

馆员是图书馆管理创新、卓越发展最重要的资源和保障，也是图书馆内部管理的核心。发展卓越绩效管理的 11 个核心价值观中有两个（组织和个人的学习、重视馆员和合作伙伴）均与馆员有关。《卓越绩效评价准则》也明确指出，组织战略的制定要充分分析组织在人力资源等方面的优势和劣势，战略的展开必须包括单独的人力资源计划。图书馆的人事部门及主管应能对本馆人力资源的现状与目标、馆员学习与培训计划、馆员考核与激励制度等内容进行详细的分析和规划。

3. 馆藏发展规划

国际图书馆协会和机构联合会对图书馆的社会职能首先就概括为保存人类文化遗产。馆藏资源是图书馆的立身之本，也是图书馆众多服务（如阅读指导、专题信息编辑、参考咨询等）开展的源头、起点，应该有独立的馆藏发展规划，规划通常由图书馆的采访部门承担。馆藏发展规划应能与时俱进地确立图书馆的馆藏发展定位（是纸本与数字并重的复合馆藏，还是从纸本逐步过渡到以数字资源为重点的数字馆藏），同时应明确馆藏发展的数量与质量目标、采购或工作重点等内容。

4. 读者发展规划

读者或用户是图书馆服务的对象，而服务是图书馆存在的价值所在。与企业一样，没有了用户，没有了读者，图书馆就不复存在。现在的一些国外图书馆（如加拿大多伦多公共图书馆）为强化这种认识已经将传统的读者、用户的称呼直接改为客户（customer）。如何紧跟社会发展和读者需求变化，采取与之适应的读者发展与服务方案，图书馆的读者服务统筹部门应承担起这样的规划责任。除了对读者群体及服务的细分、重点读者及服务的明确、读者发展的目标量的设定外，面向卓越的读者发展规划应对新环境下的读者关系管理进行相应的设计和工作开展，着力于读者满意度的提升。

此外，卓越绩效管理中强调的财务资源的规划对于图书馆也是必需的，对事业单位而言，如何有效地争取政府财政支持、合理合法且高效地使用财政资金，财务管理部门应进行详细的规划和说明。

四　模块三：服务对象的界定与业务活动的展开①

公共图书馆业务活动的基本立足点在于为用户提供知识、信息服务。这一业务活动有序开展的前提是，发现用户、界定用户并在挖掘其需求的基础上，确立服务关系，提供用户满意的服务。基于此，服务对象的界定与业务活动的展开构成了公共图书馆卓越绩效管理标准化的第三个模块（见图5—6）。

（一）用户识别的意义

"顾客驱动的卓越"② 是卓越绩效模式 11 个核心价值观之一。卓越绩效模式对组织管理中的如下问题做出了回答：对于一个组织来说，管理质量和绩效由顾客判定，如何科学关注顾客的要求、期望和市场走向？如何围绕"顾客"开展研究以持续推动组织迈向卓越？

利用图书馆文献信息资源、享受图书馆服务的个人和机构构成了图书馆的用户主体。由于图书馆的职业价值就在于满足用户的信息需求，因此，如果这种关系呈良性循环的状态，那么就会推动图

---

①　本部分重点参阅了莫启仪、钟敬忠《以需求为导向的卓越绩效管理——东莞图书馆以用户为中心的服务实践》，《图书馆建设》2013 年第 7 期，第 7—10 页。

②　中国质量协会、卓越国际质量研究中心：《卓越绩效评价准则实务》，中国标准出版社 2007 年版，第 5 页。

图5—6　服务对象界定与业务活动展开模块

书馆的发展不断走向卓越。显然，对于图书馆来说，"顾客的驱动"的重点就是要认真研究图书馆的用户，以用户为中心，关注用户的需求，并以用户的需求为导向来实施卓越绩效管理。

　　在《卓越绩效评价准则实施指南》（GB/Z19579—2004）的评分分值中，涉及"顾客与市场"的部分占总分值的21%，超过其他任何6个部分，可以说，"顾客与市场"是卓越绩效管理的重中之重。对于图书馆来说，"顾客与市场"就是用户及其需求，图书馆实施卓越绩效管理的核心便是用户及其需求的管理。其实，用户及其需求对于图书馆本身的发展具有重要意义，与卓越绩效模式的理念不谋而合。

　　一方面，用户是图书馆的价值之源。在图书馆创造社会效益的过程中，图书馆人利用自己的劳动和智慧"活化"和"转化"各种信息给用户，用户再利用这些信息去创造各种社会价值和经济价值。[①] 因此，图书馆创造社会价值的大小取决于其为用户提供了什么样的信息，所提供的信息是否满足了用户的需求，用户是否有效地利用这些信息去创造社会价值和经济价值。因此，用户是图书馆实

---

　　① 莫启仪、钟敬忠：《以需求为导向的卓越绩效管理——东莞图书馆以用户为中心的服务实践》，《图书馆建设》2013年第7期，第7—10页。

现价值最关键的因素，是图书馆的价值之源，是左右图书馆发展的决定性力量。

另一方面，图书馆面临着用户市场的变化。图书馆围绕用户来实现价值，因此对用户及其信息需求必须有全方位的调查和了解。图书馆的发展历史告诉我们，图书馆的用户数量经历了从少数人到所有社会群体的变化，用户类型经历了从单纯的个体到社会组织的变化，用户的需求经历了从简单到复杂的变化。在当前信息化社会，随着计算机技术、网络技术、信息技术的迅速发展，图书馆的用户群体及其需求也发生了极大的改变。搜索引擎、专业信息咨询公司等信息机构参与到"用户争夺"之中，这对图书馆如何满足用户的信息需求带来了极大的挑战。全面把握用户及用户需求，这是图书馆追求卓越绩效必须要面对和解决的问题。

正是认识到用户及其信息需求对于图书馆发展的重要性，东莞图书馆在实施卓越绩效管理的过程中，以"学习成长、智慧奉献、业务创新、服务惠民"的核心价值观为指导，构建了"更加便捷、富含人性关怀的多类型读者服务体系"，作为满足用户信息需求的首要路径。

（二）以需求为导向的卓越服务

图书馆导入卓越绩效模式，推行并实施卓越绩效管理，遵循以需求为导向的原则来改进服务，前提是必须重新认知图书馆的服务对象，确定图书馆的"顾客"到底是谁。那么，如何按照卓越绩效模式的要求来认知图书馆的服务对象？

1. 突破传统图书馆的"读者"概念

读者指具有阅读能力与阅读行为这两个本质特征的人，是我国图书馆界历来使用的一个对受众或者个人用户的称谓。关于这个称谓，图书馆界学者也提出过用户、知识受众等概念，但"读者"始终作为普遍接受的称谓在广泛使用。东莞图书馆在导入卓越绩效模式的过程中，将图书馆提供的产品或者服务的直接或最终接受者定义为"用户"，取代了原有的"读者"称谓。其中有两个新变化：

突破之一：关注点转移。由"读者"变为"用户"，这并不是字面上的取巧变化，而是在根本上突破了"读者"仅围绕个体属性而界定的概念，切实从图书馆的服务功能出发，凸显图书馆与使用者之间的关系。这个转变的背后，是图书馆从关注资源、服务变为首要关注服务对象，把对用户的研究作为各项工作的立足点，这也正是卓越绩效管理将"顾客与市场"置于重中之重的典型体现。

突破之二：范围更广泛。"用户"的内涵比读者更丰富，外延比读者更宽广，除了涵盖个人用户即传统意义上的读者之外，还包括机构、团体等集体用户，或者某一类具有相同特质个体的集合。这就将服务客体明确划分为两大类，及时、准确地反映了新时代图书馆用户群体的多样性，并凸显了集体用户的重要性，有利于服务从"粗放型"走向"精细化"，为服务的规范和细化明确方向。

2. 立足需求差异细分用户群体

一般来说，企业的顾客相对有固定的指向性，而图书馆的用户是一个多元聚集的庞大群体，而公共图书馆的用户应包括全体公民。因此，图书馆满足用户的需要其实比企业满足顾客的需求难度更大。这个无比庞大的"市场"隐含着具有各种各样需求的个人和机构团体，其对文献信息资源的需求千差万别，因此图书馆必须在科学分析不同用户的不同需求特点的基础上，对用户进行细分，并制定相应的服务策略，这样才能确保每项服务都具有针对性。

在实施卓越绩效管理的过程中，东莞图书馆为了确保其服务能够满足各类用户的需要，首先在确定服务定位和细分用户群方面进行了细致的研究、思考与探索。东莞图书馆是从四个方面来进行探索的：

（1）总分馆体系下的服务定位

目前，东莞地区的图书馆服务通过总分馆的构架体系覆盖全市，东莞图书馆作为城市中心图书馆，一方面对 51 个镇（街道）、村（社区）、学校、企事业单位分馆开展业务指导培训和资源推送服务，另一方面又协同所有分馆对全市市民和机构团体开展联合服务。基于对用户市场的分析研究，东莞图书馆根据不同用户类别的特点，结合图书馆的战略发展规划，将用户群体划分为四大类：个人用户（读者）、企业及组织用户、分馆用户、政府用户。前一类为个体用户，以个人为单位；后三类为机构组织用户，以团体为单位。

（2）从终身学习层面细分个人用户

联合国教科文组织的国际 21 世纪教育委员会曾提出"终身学习是 21 世纪的通行证"①，每个社会成员要适应社会发展和实现个体进步的需要，在各个年龄段都需要进行多方面的学习，这个过程贯穿于人的一生。而个人在每个年龄阶段的身心发育、成长、发展的求知需求有着较大的差异。参照国外图书馆一般通过年龄分段划分个人用户的做法，东莞图书馆将个人用户群体划分为学前儿童（≤6岁）、学龄儿童（7—12 岁）、青少年用户（13—19 岁）、成年人用户（20—59 岁）、老年人用户（≥ 60 岁）以及残障人士，后者处于社会人文关怀而特别单列。在此基础上，在具体的服务工作中，东莞图书馆还根据需求的差异性进行了其他维度细分，如按照行动能力将用户细分为普通用户、残障人士、服刑人员等；按照文献专题阅读习惯将用户细分为动漫迷、戏剧爱好者、本土文化研究者、外文学习者等。细分用户群体，从而针对其特点有的放矢地制定服务策略，为推送不同的服务产品提供基础。

（3）从构建学习型社会层面细分机构用户

2002 年 11 月，我国在党的十六大报告中明确提出要"形成全民学习、终身学习的学习型社会"②，并将其纳入建设小康社会的宏伟目标。学习型组织的建设是形成学习型社会的必要条件。由于社会机构性质各异、种类繁多、需求多样，公共图书馆在实际业务活动中，需要立足实际，为服务对象提供有针对性的专业信息服务。以东莞图书馆为例，该馆按照社会机构的服务需求，对机构用户进行了二级细分。其中，"企业及组织"用户细分出以企业、部队、学校、监狱（服刑人员）为主的四类用户；分馆用户细分出镇（街道）、村（社区）、学校、企事业单位四类分馆；政府用户细分为两大类，包括具有人大、政协等重要会议信息需求的重点用户及有着常规信息参考咨询需求的一般用户。

---

① 孙云晓：《核心是学会做人》，《人民日报》2000 年 2 月 22 日第 3 版。

② 《江泽民在党的十六大上所作的报告》（2002 年 11 月 17 日），2013 年 1 月 6 日（http：//news. xinhuanet. com/newscenter/2002-11/17/content_ 632260. htm）。

（4）关注特殊用户

早在 2002 年 8 月，国际图书馆协会和机构联合会颁布的《格拉斯哥宣言》就明确提到："不受限制地获取、传递信息是人类的基本权利，图书馆与信息服务机构应该为所有用户提供平等的服务，不允许有种族、国籍、性别、性取向、年龄、是否残疾、宗教信仰和政治信仰的歧视。"[1] 但是，要真正实现均等服务，需要图书馆更主动关注和重视一些特殊群体的需求，消除他们因客观原因导致的使用障碍，实行一定的倾斜措施。例如，东莞图书馆每年定期征询残联机构及残疾读者的需求，从软硬件设施配置、活动策划、专门项目各方面满足需求，如在各入口均设置了无障碍通道，电梯内设置了高低两套按钮，在一楼靠近大门处专设盲道和视障人士阅览室，配备专用电脑 4 台，及时安装、更新专业读屏软件，定期开办视障人士电脑学习班和残疾人士才艺展演。

（三）用户需求的了解与反馈

界定和认知服务对象是为了更好地开展服务，而开展服务的一个重要措施，就是要建立一个了解用户需求、收集用户反馈意见的用户关系管理机制，为用户提供各类文献信息服务、获得信息支持及用户需求反映（投诉、建议）的便捷渠道，形成长期、有序、高效的图书馆—用户间沟通互动。

1. 持续了解用户的需求和期望

按照营销学的理论，影响用户需求和期望的因素包括用户的个性习惯、以往使用图书馆的经验、图书馆服务承诺（明示或暗示）、图书馆的口碑形象、用户对信息获取工具的使用习惯等多个方面。可以说，用户的需求和期望始终处于动态变化之中，图书馆必须长期持续地通过各个方面、多种手段去了解和掌握。在实施卓越绩效管理的过程中，东莞图书馆主要通过以下方式了解用户需求和期望：

---

① UNESCO, "Public Library Manifesto", 2011-01-05 (http://www.unesco.org/webworld/libraries/manifestos/libraman.html).

（1）建立畅通的信息互动渠道

东莞图书馆设置了多类型的需求了解渠道，包括：第一，服务现场留言。在服务中与用户面对面进行沟通，采用设置意见本、活动体验评价本等方式收集现场留言。第二，网络及电信留言，如网站留言、论坛回帖、微博回复、手机短信、语音电话留言、新闻媒体监督热线、电话抽样征询等。第三，主动调查。每年定期采用发放需求调查表，召开用户座谈会、馆员—读者沙龙的方式，主动收集用户需求，建立更多的沟通平台。

（2）积极跟踪用户需求处理

对于用户的现场面对面的需求反映，采用首问负责制的方式，由现场首个接触用户的图书馆员进行全程跟踪负责。其他留言由读者服务部门设定专人跟进来自用户的需求信息处理，一般流程为：建立起接诉—分类登记—送相关部室—调查分析处理—72 小时内回复— 用户满意—终止归档—每月汇总分析—提交服务整改报告。

（3）开展后续分析与评估管理

图书馆一方面对所有收到的有效投诉/建议进行研究，按服务环境、服务质量、服务产品等进行归类，并分别提出处理方法和处理技巧（如《读者投诉的处理艺术》）供全员学习，确保能够运用于管理改善、提升。另一方面，图书馆每年会邀请专业公司及图书馆行业专家对用户关系管理进行评估，制定相关指标和方法，不断增强用户关系管理过程的有效性。

2. 基于需求分析的服务优化

用户的需求和期望是图书馆服务内容、流程优化的重要依据。在了解的基础上，图书馆还要对用户的需求进行分析和研究，为服务的改进提供相应的数据支撑。

以东莞图书馆为例，该馆每年定期召开需求分析—服务改进专题会议，以用户需求为驱动，对服务与管理进行改进。例如，在2004 年，一些读者留言要求图书馆晚上延长开馆时间至 12 点。图书馆管理层调研了现实需求产生的客观原因（东莞外来务工人口较多，白天工作时间较长而又有夜间借阅的需求）以及图书馆延长开放带来的成本与能耗，决定研发无人值守的 24 小时自助图书馆。

2005 年 9 月，东莞图书馆推出了国内第 1 家自助图书馆，创新实现实体图书馆 24 小时开放。2007 年 12 月，东莞图书馆又研发出我国第 1 台图书馆 ATM，对图书馆 7×24 小时无间断文献借还服务进行了完善补充，从时间、空间上延伸了图书馆的服务功能。又如，在近年的需求分析中发现，不少读者对于能在最短时间内阅读到最新书报刊的需求越来越强烈，但图书馆的新书从采购到上架有着一段滞后期，一些读者因在图书馆找不到最新图书或畅销书而注销借书证。为此，图书馆管理层进行了多次专题讨论，决定创新开辟最新图书入藏上架绿色通道，① 每月初组织专人负责最新畅销图书的采购（150—200 种），并保证人力以最快速度加工、上架。以 2011 年为例，绿色通道入藏图书 1.7 万册，月均借阅量就达 1.4 万册，平均每本书外借 10.3 次，借阅成效非常显著。

（四）提升卓越服务的手段：关注用户满意度

对公共图书馆来说，只有用户满意的卓越，才是真正的卓越。因此在卓越绩效管理中，用户满意度调查是一个非常重要的环节。用户满意度是指用户通过对图书馆提供的相关服务的可感知效果（或结果）与其期望值相比较后，所形成的愉悦或失望的感觉状态。当然，满意度的调查不只是为了得到我们想要的一些数据，也不只是想知道读者的态度，最重要的是通过满意度调查，找出存在的问题，并通过分析读者满意度状况，明确图书馆服务改进的方向，不断巩固现实用户，将其转化为忠诚用户，并吸引更多的潜在用户走进图书馆。

（五）用户满意度管理

1. 建立满意度调查体系及流程

如何才能了解用户对图书馆服务的满意状况？这就需要开展满意度调查。而调查的第一步，就是要建立满意度调查体系的设计和

①　吕冰清、李正祥：《现代城市公共图书馆文献信息资源建设方略》，《图书馆建设》2010 年第 9 期，第 12—16 页。

制度。那么，这个调查体系主要包括哪些内容？从东莞图书馆的实践来看，主要有五个方面：第一，业务数据分析。每年对总流通人次（进馆人次）、累计发放有效读者证数、书刊文献外借册次、网站访问量、年举办读者活动次数等数据进行统计分析，同时按照专题馆、专题活动设置细分读者群并加以测评。第二，读者投诉/建议分析。建立每月读者投诉/建议汇总表，揭示投诉/建议的读者信息、投诉/建议的内容类别、回复的内容及读者反馈、本馆需改善之处。第三，用户信访分析。以年度为单位统计整合用户来访来信、座谈会内容。第四，用户服务需求跟踪反馈分析。对于用户调查、读者活动、课题服务（含两会服务）等进行跟踪寻访，提取反馈信息进行分析。第五，新服务的体验评价。对于开展的新业务、新服务进行及时的读者体验评价收集，引导新的需求，间接地进一步提高用户的满意度和忠诚度。

确立了满意度调查体系之后，就必须完善用户满意度调查流程。图5—7是东莞图书馆实施用于满意度调查的流程，服务部门是开展用户满意度调查的主体，负责制订调查计划和推进整个调查的进度，并在收集用户反馈后加以分析，技术部门及其他部门（如采编部、办公室）给予紧密配合。

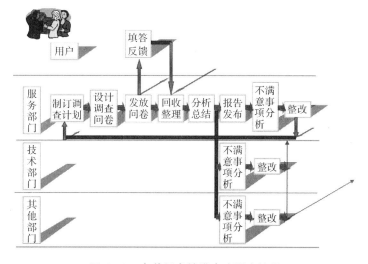

图5—7　东莞图书馆满意度调查流程

2. 设计满意度调查方法及内容

（1）调查方法

一般来说，图书馆用户满意度调查方法主要包括以下几种：①问卷调查。根据调查目的和图书馆实际情况设计《读者满意度调查表》，并面向进馆读者或者网络读者以随机抽样发放的形式进行调查，再按照实收的有效调查表的反馈信息进行统计分析。②走访。定期上门走访用户，了解用户的意见或者建议，做好相关的记录，再进行分析。③电话调查。定期进行电话调查和回访，了解用户最新需求，巩固用户关系。④用户座谈会。每年召开不同主题和类型的读者座谈会，邀请各类用户代表到图书馆进行座谈，征求其对于图书馆各项工作的意见和建议，了解需求，提供或改进产品服务。

（2）调查内容

不同的图书馆可以根据自身的用户类型来制定调查内容，使调查更有针对性。例如，东莞图书馆根据四大类用户的特点，在内容侧重上进行差异化实施。针对个人用户，一般采用问卷调查、座谈会方式，调查内容围绕环境满意度、资源满意度和服务满意度进行；针对分馆用户，一般采用问卷调查、走访、总分馆工作例会（座谈会）方式，调查内容主要涵盖规划辅导满意度、资源支持满意度和后续服务满意度；对企业及组织、政府用户每年定期进行上门走访、电话调查，了解企业及组织用户对资源和产品满意度以及参考咨询产品满意度，掌握政府用户对于会议服务、信息服务及专题资料编辑方面的满意度，收集最新的需求，以此为依据改进服务和管理效能。

（3）调查结果的分析与改进

满意度调查的结果固然重要，但对结果的分析更重要。不管以什么方式开展调查，都必须进行具体和详细的结果分析，特别要关注需要改进的方面。根据卓越绩效管理的理念，并不是要求每项调查数据达到最大化的效果就是卓越，只要每个环节通过改进后在不断进步，就是一种卓越的表现。对图书馆来说，如果用户的满意度逐年上升，就已达到实施卓越绩效管理的目的。

在分析得出数据后，要针对满意度相对较低的部分分析原因，提出对策，针对用户意见逐条加以自检并实施整改，将调查结果有效转化为服务的改进，不断提升服务质量。以东莞图书馆的满意度调查实践为例，在 2011 年个人用户满意度调查中，用户集中在馆藏资源、讲座活动、书架整理方面提出了一些改进意见。中层管理会议及业务专题会议研究后，提出并落实以下改进措施：针对馆藏资源的改进，根据用户荐书建议和本地经济社会发展特点，强化采访工作，优化馆藏结构，并设立全市捐赠换书中心，提供图书漂流、捐书、换书服务；针对讲座活动，对每周市民学堂、市民空间等公益讲座和东莞市民学习中心公益培训加大主题策划和宣传力度，并加强与其他单位和社会组织合作，增加公益讲座活动频次；针对周末读者流量大、书架整理难度大的问题，增加周末书架整理员数量，并吸收学生和社会志愿者到图书馆开展文献整理、阅读导读等志愿工作。经过每季度和半年的检讨评估，以上改进措施均收到了良好的成效。

五　模块四：资源的整合与协调

对于公共图书馆而言，其主要资源包括人力资源、财务资源、知识信息资源、关系资源、技术资源和基础设施。卓越绩效标准化管理的目的是，对这些资源进行整合与协调，以实现资源效益的最大化。本模块整体框架如图 5—8 所示。

（一）人力资源[①]

人力资源是指"劳动生产过程中，可以直接投入的体力、智力、心力的总和及其形成的基础素质，包括知识、技能、经验、品性与态度等身心素质"[②]。它是组织发展最基本也是最核心的资源，是战

---

① 李正祥、杨晓伟：《关注组织和个人的学习——东莞图书馆人力资源建设的实践与思考》，《图书馆建设》2013 年第 7 期，第 11—14、24 页。
② 中国质量协会、卓越国际质量研究中心：《卓越绩效评价准则实务》，中国标准出版社 2007 年版，第 124 页。

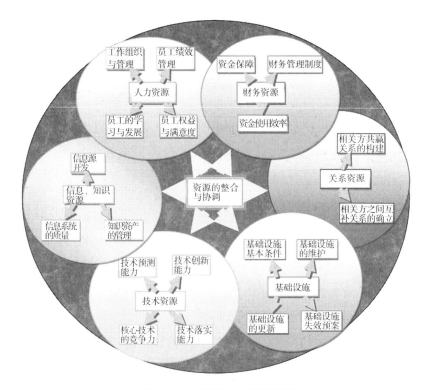

图5—8　资源整合与协调模块

略规划实现的关键所在。组织必须要对人力资源进行科学管理和合理开发，在最大限度发挥人力资源对于企业价值的同时，也促进人的发展与成长，实现组织发展与个人成长的双赢。

在卓越绩效模式中，资源是不可或缺的一个部分。而一个组织的资源又是一个庞大的体系，它包括人力资源、财务资源、信息和知识资源、技术资源、基础设施以及相关方关系等，其中人力资源在所有资源中占有的分量最重，是核心资源。图书馆实施和开展卓越绩效管理，就必须坚持卓越绩效模式的核心价值观，高度关注组织和个人的学习，加强人力资源建设，积极探索人力资源管理的科学发展之路。

1. 人力资源是图书馆实施卓越绩效管理的基础

长期以来，我国图书馆的发展以传统的藏书建设为核心，在对所收藏的图书资料进行保存、组织的基础上为读者提供各种服务，也就是说图书馆将藏书与服务作为核心要素，有意无意地忽略了人的问题。如果说图书馆存在着对人的组织和管理，那也是一种传统的管理模式和手段，所谓的人事管理。传统的人事管理基本属于行政事务性工作，主要是以人事管理为中心，更多的是强调工作纪律和服务态度，而对人的基本素质、人的服务内涵和服务质量的提高缺乏系统的思考，特别是忽略了对馆员的学习和培训的支持。随着经济的发展，我国图书馆普遍获得了较好的发展条件，在外在发展条件基本满足图书馆需求的情况下，人的问题开始受到更多的关注，如何对人进行科学管理变得越来越重要，传统的人事管理开始向现代人力资源管理转变，并逐渐成为现代图书馆提升竞争力的重要手段。

21 世纪是"质量的世纪"（美国著名质量管理学家约瑟夫·朱兰博士语），也是人才的世纪，人才成为企业产品质量的关键因素，也同样成为图书馆服务质量和效益的决定性因素。人力资源管理突破了传统人事管理的窠臼，把人力这一特殊资源当作图书馆发展的重要资源，并思考着如何进行有效开发、合理利用和科学管理，但这些还不足以表现出人力资源管理的重要性。在全面人才战的背景下，如何吸引、留住人才成为图书馆面临的重大挑战，由此而开展的人力资源管理则是一项具有战略意义的管理职能，成为近年来快速发展的图书馆所高度关注的发展战略之一。

"现代人力资源管理呈现从专注成本到关注价值的转变"[①]，因此图书馆的人力资源部门需要从"支持型人事功能"角色转型为"战略业务伙伴"角色，成为图书馆的价值创造部门。

2. 卓越绩效模式下图书馆的人力资源管理的切入点

（1）关注组织和个人的学习

卓越绩效模式的核心价值观之一就是高度重视组织和个人的学习，也就是说学习应成为一个组织日常工作的一部分。"要在个人、

---

① 中国质量协会、卓越国际质量研究中心：《卓越绩效评价准则实务》，中国标准出版社 2007 年版，第 15 页。

部门、组织的各个层次中进行实践，要注重组织内的知识共享。人是组织学习的主体，以人为本是提高组织学习能力保持组织持续竞争能力的关键。"①

《卓越绩效评价准则》（以下简称《准则》）作为国家标准和国内各种质量奖项的评价依据，对员工的教育与培训非常重视，明确要求组织必须"根据人力资源规划，考虑组织的绩效测量、绩效改进和技术变化的主要需求，制定员工的教育、培训计划，平衡组织的长短期目标与员工的发展、培训与职业发展的需求"②。同时，组织应加强对员工的教育、培训，满足员工的学习需求，提升组织的学习能力。

"作为人力资源管理体系的重要模块，培训管理体系是组织得以持续发展的'加速器'。"③ 在实施卓越的人才管理实践中，东莞图书馆建立了基于 PDCA（P：plan，计划；D：do，实施/运行；C：check，检查/评价；A：action，处置/改进）循环的培训体系，多角度、多方位地开展学习与培训，不断发掘现有人力资源潜能，提升人力资源素质。以东莞图书馆为例，该馆从以下几个方面关注组织和个人的学习：

①开展需求调查，制订教育培训计划。东莞图书馆对培训的需求进行了三个方面的分析：首先是组织分析，确定哪些部门需要开展培训；其次是岗位分析，根据员工的工作和职责，了解员工需具备什么样的条件，找出差距，确定培训需求；最后是人员分析，分析员工的能力、水平。最终，东莞图书馆确定了员工的具体培训内容，并在实践中不断丰富和完善培训内容。在调查的基础上，东莞图书馆有针对性地制订教育培训计划，包括培训的内容、目标、对象、方式、时间、地点、经费、资源、设施等。教

---

① 中国质量协会、卓越国际质量研究中心：《卓越绩效评价准则实务》，中国标准出版社 2007 年版，第 124 页。

② 中华人民共和国国家质量监督检验检疫总局、中国国家标准化管理委员会《GB/T 19580—2004 卓越绩效评价准则》，中国标准出版社 2004 年版。

③ 龚晓明：《面向卓越绩效的员工教育与培训》，《中国质量》2012 年第 8 期，第 12—14 页。

育培训计划分全馆性培训计划和部门培训计划，前者由业务办进行规划、统筹和实施操作；后者由各部门根据部门业务工作的需要来进行计划。

②开展教育培训评估，不断改进培训效果。对于培训效果，东莞图书馆从三个方面进行评估：员工对培训的反映、感觉和印象；员工在培训中所达到的认知水平和技能；员工回到工作岗位后的工作业绩的变化。通过评估，东莞图书馆发现问题后，及时修正培训计划，调整培训内容和方式。

③积极创建学习型小组，提高员工学习能力。为了提高员工学习的积极性，东莞图书馆先后成立了原创书评小组、午间茶沙龙、书法兴趣小组等，形成了浓厚的学习风气。为了提高员工素质，从2006年开始，东莞图书馆组织馆员每个季度共同学习一本图书，设计学习方案，馆员还要提交学习成果，并编辑出版学习专刊。这些年来，东莞图书馆的馆员共同学习了30本图书，出版学习专刊30期，产生了一大批学习积极分子和优秀学习成果，效果显著。

（2）建立开放的工作系统

在卓越绩效模式下，一个组织的工作系统主要包括"工作的组织、管理和员工绩效管理系统"①。一个卓越的工作系统首先必须是开放的、高效的，实现了组织扁平化和权力分流，内外部沟通畅通并且有序化。对于内部的员工，组织要建立有效的沟通机制，听取员工的各种意见、建议及反馈，并能快速做出反应，实现信息和技能共享。当然，一个卓越的工作系统还必须有一套科学的员工绩效考核和评价体系，从岗位设计、岗位职责到岗位管理，再到岗位绩效评价方法，对员工实施科学的绩效管理。

在卓越绩效管理的实践中，东莞图书馆积极探索科学的工作系统。首先，加强组织管理，在建设"和谐、高效、认真、愉快"的组织文化的基础上，努力实现组织扁平化，打破层层递进式的组织

---

① 中华人民共和国国家质量监督检验检疫总局、中国国家标准化管理委员会《GB/T 19580—2004 卓越绩效评价准则》，中国标准出版社2004年版。

框架，建立了一套"以馆领导决策层为中心、统领中层干部和业务骨干"的扁平化的组织结构，减少管理层级，简化沟通层次，并实行权力分流，避免权力高度集中在图书馆高层领导。为了促进员工能力的发挥，图书馆在员工岗位职责方面在强调做好传统业务工作的同时，还设计了一些具有挑战性、系统性和协作性的工作岗位，给予员工发挥自己能力的机会和展示自己特长的平台。此外，为了便于采纳员工、读者等各方的建议以及实现不同部门、岗位间的工作、服务技能的共享，东莞图书馆鼓励员工与读者参与组织的管理，建立了邮件、电话、会议、业务交流等广泛的沟通渠道，收集各方的意见。

（3）构建有效激励的绩效管理系统

一个开放的工作系统还包括一套科学的员工绩效考核和激励体系，一个卓越的组织必须构建具有激励作用的绩效管理系统。《准则》提出，员工绩效管理体系主要包括员工的绩效考核体系、薪酬体系和奖励体系等，其中最重要的是绩效考核体系。[1] 因为"绩效评价考评是薪酬奖励的标准，是员工晋升和培训的依据，也是调整职位和完善组织结构的需要。换句话说，良好的绩效评价体系是员工薪酬、奖励、晋升以及培训的保证"[2]。

在实践中，东莞图书馆通过识别成功所需的关键要素和业务重点，建立了全馆层面的关键绩效指标，形成了部门级别绩效指标体系，实现了对全馆的战略支撑；进一步细分各部门关键绩效指标，进而将其分解为更细化的职位绩效指标；通过确定部门岗位目标，明确了各个岗位职责；制定了绩效管理制度和考核体系，加强绩效考核，形成了绩效评价机制，实现了绩效反馈；建立健全绩效激励体系，促进员工绩效改进；在员工绩效评价上，通过基本工资、绩效工资、岗位津贴、专项津贴等建立了公平和效益兼顾的薪酬体系，通过精神奖励、物质奖励、提供学习、培训机会等多种方式实现对

---

[1] 中华人民共和国国家质量监督检验检疫总局、中国国家标准化管理委员会：《GB/T 19580—2004 卓越绩效评价准则》，中国标准出版社 2004 年版。

[2] 龚晓明：《面向卓越绩效的员工教育与培训》，《中国质量》2012 年第 8 期，第 12—14 页。

员工的激励作用。

（4）营造和谐愉快的工作环境和组织氛围

工作环境是达成组织的卓越绩效目标的十分重要的因素。什么样的工作环境有利于员工发挥自己的最大潜能？《准则》对组织应建立的工作环境提出了四个方面的要求：保持良好的工作环境和员工参与的氛围，保障全体员工的权益，让全体员工满意，调动全体员工的积极性。[①]

那么如何营造一个良好的工作环境和组织氛围？不同的组织在实践过程中有着不同的策略。“和谐”是东莞图书馆的组织文化之一，因此，东莞图书馆一直非常重视对和谐愉快的工作环境的建设，通过开展集体性活动营造良好的组织氛围，让员工对图书馆产生归属感。这种集体活动主要包括三个方面：一是生活娱乐，如参观、户外拓展、生日会、晚会等；二是集体业务学习，如读书学习、专家讲座、业务能手竞赛等；三是工作研讨会，如专题讨论、学术研讨会、经验交流会等。东莞图书馆通过集体活动营造宽松、上进的工作环境，满足员工的多元化需要；通过活动增强员工参与意识，提高员工对工作环境的认同感。

（5）疏通员工的职业发展道路

职业的发展是员工的最大需要，也是一个组织的人力资源建设的重要任务。《准则》中提出，“组织应该充分发挥员工的潜能和主动性、帮助员工实现学习和发展的目标，对包括高层领导在内的所有员工的职业发展实施有效的管理”[②]。这就要求，组织必须为员工的职业发展提供各种路径和平台，让员工通过自我努力可以达到其职业发展的愿望。

东莞图书馆为了充分发挥员工的潜能和主动性，建立了阶梯式的人才培养机制、多渠道的发展通道，为员工提供了发展空间：①实行推拉结合，激发员工潜能和主动性，建立员工竞争上岗机制，促进员工绩效和能力提升，促使员工不断学习；②建立了多渠道、

---

① 中华人民共和国国家质量监督检验检疫总局、中国国家标准化管理委员会：《GB/T 19580—2004 卓越绩效评价准则》，中国标准出版社 2004 年版。

② 同上。

分层次的人才培养制度，为员工的学习和成长创造机会，如镇（街）分馆领导委派机制、岗位轮换制度、项目管理制度、以老带新制度、职称晋升制度等；③规划双向的职业发展路径，图书馆为员工规划了行政晋升、职称晋升两条职业发展路径，这两个路径可以交叉发展，行政岗位和专业技术职称可以同时兼任。

（6）保障员工的权益

员工一旦成为组织的一员，就要得到组织的保护，满足其基本权益，否则就无法融入这个组织的机体之中，与组织的共同目标就难以达成一致。《准则》中特别提出，"组织应根据不同员工的需要，为员工提供有针对性、个性化的支持"[1]。也就是说，一个卓越的组织不但要为员工发展提供各种支持，而且这种支持必须是员工所需要的，要以员工的需求为出发点，而不是组织所提供的笼而统之的支持。

公共图书馆的员工由于年龄、性别、地域、文化程度的不同而形成不同的需要，图书馆应认真区分、识别，针对不同的员工提供其需要的支持。东莞图书馆将员工的权益分为四个方面：薪酬福利、劳动保护、学习机会、职业提升，为了满足不同权益设计实行了不同的保障手段，还针对不同的员工群体（如高层管理人员、中层管理人员、高级职称人员、中级职称人员、初级职称人员、普通聘员）的权益需求提供个性化的支持手段。

（二）财务资源

在实现公共图书馆卓越绩效管理标准化的背景下，财务资源主要涉及资金保障、财务管理制度和资金使用效率三方面。李文玲（2010）对高校财务资源的管理进行了解析，对公共图书馆具有一定参考价值。具体而言，针对公共图书馆的财力资源管理，在卓越绩效评估的框架下，应注重加强如下工作：[2]

---

① 中华人民共和国国家质量监督检验检疫总局、中国国家标准化管理委员会：《GB/T 19580—2004 卓越绩效评价准则》，中国标准出版社 2004 年版。

② 李文玲：《高校图书馆财务管理的问题与对策》，《产业与科技论坛》2010 年第 3 期，第 198—200 页。

1. 加强公共图书馆的内部控制

首先，应在执行公共机构统一财务规章制度的基础上，建立和健全图书馆的内部会计控制制度。一是明确各部门财务收支范围、手续，制定合理、合法的财务工作秩序，明确岗位经济责任，对馆内各项收支管理加大力度。二是明确监督检查制度。定期审查财务手续，核对账目和进行资产清查，做到经费、资产使用心中有数，摸清家底，发现财务管理工作中存在的问题，及时改进，采用新方法堵塞工作中的漏洞。三是实行财务部门对图书馆财务工作的定期检查制度。检查经费使用范围是否正确，核算单证、手续是否齐全，上报给教育部门的藏书量是否准确等。四是实行校方资产管理部门对图书馆资产的定期检查制度。检查图书馆资产数目是否正确，使用是否合理等。发现问题及时报审，保证账卡、账账、账实三相符。其次，在工作中严格执行内部控制制度，建立必要的评价和奖惩制度，并严格执行。加强各部门的内部牵制制度，各项收支做到手续完备，责任明确。注意内部单证和外部单证合法齐全，入库时图书的相关账卡记录正确，分级管理，层层负责，使图书馆的经济活动真实可靠。在定期考核中，对发现违反财务规章制度的问题进行检查纠正，对有关部门和人员应严惩。

2. 实行科学的预算管理

一是制定经费预算时，图书馆领导和会计人员应通过对上年度图书馆经费使用会计报表的分析，了解各部门的预算经费使用情况，分析在使用中出现的问题，根据本馆的本年度发展计划，精打细算，厉行节约，经与各部门负责人讨论统筹制定经费预算，再由高校财务部门综合平衡，全面分析，优化经费使用结构，使预算做到科学、合理、可行。二是预算执行时，应严格落实经费到位，不得随意调整预算项目，首先要在预算范围内，其次要有节约理念，降低使用成本，注重经费效用，避免经费使用的随意性。平时应定期检查分析预算经费的使用情况，将预算执行进度及时向馆领导汇报，以供领导决策。为了加强预算管理，对经费使用要进行考核评价，制定经费使用的奖惩制度，到年底对经费使用合理有余的部门给予奖励，对浪费使用经费的部门给予一定惩罚，做到奖惩分明，以促进提高经费利用率。

3. 提高图书馆财务人员的专业水平

首先，在职业道德方面，高校图书馆财务人员在工作中应遵纪守法，遵守国家及校方制定的有关会计制度，爱岗敬业、诚实守信，不做假账，明确岗位职责。通过职业道德教育、培训，奖惩有则，提高财务人员的职业道德，使财务人员不论遇到何种情况，不丧失原则，注重自身职业道德的培养。其次，在业务素质方面，财务人员要不断学习充实自己的会计专业知识，提高解决实际问题的能力，并能熟悉掌握一定的计算机技术应用知识和信息处理及管理技术，做好记账、算账和报账工作，提高工作效率和质量，能够运用现代化手段及时提供会计信息，满足相关方面的使用。图书馆方面应注重财会人员的业务学习与培训，注重他们的业务知识更新，并建立奖励机制和约束机制，充分调动财务人员当家理财的积极性，增强他们的事业心和责任感。

（三） 信息、知识资源

知识管理能力是图书馆利用其各种现有知识资源去解决相关问题以便创造最大价值的能力，知识管理能力评价就是图书馆对其获取、创造与应用知识等整体能力的测评与度量。基于卓越绩效评估准则，准确客观地评价图书馆的信息、知识管理能力，有利于图书馆了解、认识和把握自身知识管理水平，制定合理的知识管理策略，实现知识创新与共享，从而提高图书馆竞争力，确保图书馆可持续发展。[①]

参照吕光远（2013）对图书馆知识管理的解析，基于卓越绩效而开展的图书馆信息、知识管理工作具有如下任务:[②]

（1）合理组织与利用以知识资源为主的图书馆各种资源（包括物质资源、技术资源、人力资源、知识资源与组织资源），使之充分

---

① 穆颖丽：《图书馆知识管理能力评价及实证分析》，《情报理论与实践》2012 年第 3 期，第 83—86 页。

② 吕光远：《关于图书馆知识管理基本原理探析》，《经济研究导刊》2013 年第 19 期，第 199—200 页。

发挥作用；（2）促进图书馆内部员工知识（包括隐性知识与显性知识）的交流、共享与利用，拓展图书馆知识资本；（3）构建知识型/学习型组织结构，优化图书馆业务流程，提高工作效率；（4）加强图书馆人力资源/人力资本管理，提高员工素质与能力；（5）营造创新型图书馆文化，塑造图书馆知识管理环境；（6）拓展知识服务，提高服务层次与水平；（7）评价图书馆知识管理实践，改善知识管理水平与提高知识管理效率。

　　图书馆管理具有决策、计划、组织、指挥、协调、控制六种基本职能，而图书馆知识管理的主要职能体现为外化、内化、中介、共享、学习、认知（创新）。外化是以外部储藏库的形式捕获知识，并根据分类框架或标准来组织它们。内化是设法发现与特定需求相关的知识结构。在内化过程中，从外部数据库里提取知识，并以最适合的方式重新布局或展示信息，通过信息过滤来发现与用户相关的信息内容或知识。中介是指把与某一研究领域相关的人和知识联系起来，通过群件、内部网、工作流和文件管理系统进行明确、固定的知识匹配和传送。成功的知识管理系统能促进知识共享，即能帮助员工从知识库中发现对自己有用的知识甚至可以从中获得启发和智慧。知识管理能帮助组织与个人解决学习问题，包括学习的目的、内容、程度与方法等，涉及知识的收集、整理、积累（储存）、共享，从而激励员工不断学习与更新知识，使图书馆成为一个学习型组织。认知（创新）是在外化、内化和中介的基础上创造知识的过程，即知识创新的过程。图书馆知识管理可以帮助用户获得相应的知识，并提供最新的信息，是推动知识创新的前提条件；也可直接参与科学研究、知识生产等过程，成为国家知识创新体系的有机组成部分；更关注知识在社会和用户间的扩散和传递，促进知识创新成果向现实生产力的转化。

（四）技术资源

　　基于卓越绩效管理模式，公共图书馆技术资源的管理主要涉及技术预测能力、技术创新能力、核心技术的竞争力和技术落实能力等方面。

公共图书馆技术资源的管理具体内容包括：就图书馆所拥有的技术进行评估，并与国内外先进的公共图书馆进行比较，从而为制定战略和增加核心竞争力提供充分依据。以国内外先进的图书馆管理和服务技术为目标，积极开发、引进、消化、吸收适用的先进技术和先进标准，提高组织的技术创新能力。同时，公共图书馆要善于根据本馆具体情况，制订技术开发与改造的目标和计划，落实增强技术先进性、实用性所采取的措施。

（五）基础设施

公共图书馆的基础设施建设是实现资源共享的一个重要方面，基础设施建设主要包括：文献信息资源建设、图书馆设施建设和图书馆队伍建设三个大的方面，三者相互联系、相互作用。

文献资源建设是图书馆基础的基础。公共图书馆多为非研究性图书馆，属大众型图书馆，其主要任务应是满足人们日益提高的精神和文化需求，促进全民素质的提高，同时为本区域的经济、科研、生产服务。只有根据公共图书馆的主要任务决定资源建设的重点范围，并有针对性地入藏书刊，才能较好地满足读者的需求，完成社会赋予图书馆的任务。因此，图书馆在确立文献资源建设重点和发展方向上都要考虑当地的特点，要在长远规划、中长期发展规划和年度发展计划中体现出地方图书馆特色。在具体采购工作中，要有针对性地采集书刊文献、电子出版物和网络数据，要有计划地收藏地方文献。

基于卓越绩效管理模式，公共图书馆在文献资源建设工作中要注意以下几个问题：（1）要注意地方文献的收集。地方文献记录和传承地域文化，是地方文明的物质基础和厚重底蕴，应该加大力度有计划、有步骤收藏。重点要放在地方志、地方谱、连续出版物（如文史、党史等资料）、年鉴、地方性报纸和期刊等的收集上面。（2）有针对性地购置书刊资料，为提高藏书利用率做好基础准备。提高藏书利用率，首先要为读者提供主动服务，做到为书找人，为人找书。其次要开展丰富多彩的活动，通过读书进万家、读书成才、读书宣传周、读书征文比赛等活动提高图书馆的图书利用率，同时也扩大图书馆的影响。（3）定题采购。为实行跟踪服务、定题服务做好充分的资料准备。

公共图书馆设备资源共享主要包括计算机设备，缩微复制设备，录音录像等方面的共享。在图书馆工作中，采用这些先进的技术设备，必须改变传统的图书馆"小农经济"式的工作方式，实现图书馆设备资源共享。只有实行资源共享，才能充分发挥这些设备的潜力，节省资金，提高经济效益，充分发挥计算机等设备的作用。公共图书馆资金经费有限，在本馆内、馆际之间都要共同引进先进设备，接通互联网络，建设区域化网络体系，并努力实现信息资源共享，加快公共图书馆自动化进程。这是信息时代的要求，也是图书馆自身发展的需要。同时，面对社会信息化程度日益加深这一背景，公共图书馆要抓住机遇，改善办馆条件，提高服务效益，转变观念，共享信息资源，实现网上服务，积极促成与各部门的合作。积极收集地方文献，进行数据资源建设、人才建设等，实现公共图书馆的资源共建共享。公共图书馆要走出自我封闭，积极促成与相关部门的合作，实现信息资源的共享，在服务中发展、壮大自己，在两个文明建设中发挥更大的作用。

（六）关系资源

在卓越绩效管理的框架下，公共图书馆关系资源管理主要指相关方面关系的建立与维护。具体包括：公共图书馆如何建立与读者、书商、数据库商、信息技术开发商等诸方面的关系，特别是建立与图书馆用户和合作伙伴之间的良好关系，并形成严谨的机制，促进这种关系的良性发展。

六　模块五：价值创造过程及其支撑系统

在公共图书馆卓越绩效管理标准化的落实过程中，过程管理的理念贯穿始终。下文以东莞图书馆为例，对公共图书馆的过程管理及其支撑系统进行说明。①

在卓越绩效管理过程中，公共图书馆要按照《卓越绩效评价准则》中过程管理及其绩效评价的核心思路，基于"方法—展开—学习—整合"（Approach- Deployment- Learning -Integration，简称 A-D-L-I）的四个要素对图书馆业务过程实施管理：通过识别过程、确定对过程的要求和过程设计，建立方法；通过过程实施，进行方法的展开；通过过程的评价、改进、创新及分享其成果，实现方法的学习和整合，使方法在实践中与时俱进，成熟度不断提升，并使实施方法的各部门之间、各过程的方法之间协调一致、融合互补。② 过程管理模块的整体结构如图 5—9 所示。

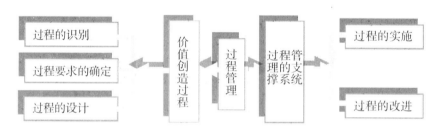

图 5—9　过程管理模块

（一）过程管理的理念和方法

1. 识别图书馆的主要价值创造过程和关键支持过程

组织的过程分为价值创造过程和支持过程。对图书馆而言，价值创造过程是指直接创造价值、产生效益及对图书馆运营至关重要的那些过程；支持过程是指并不直接创造价值，但对图书馆价值创造过程和日常运营起到支持作用的那些过程。东莞图书馆通过价值链的分析方法，在识别图书馆全过程的基础上，定量或定性地分析这些过程对图书馆战略达成和取得成功的贡献及与核心

---

① 本部分重点参阅了广东省社会科学研究项目《公共图书馆卓越绩效标准化管理研究》的阶段性成果：杨累、赵爱杰《基于事实的管理——东莞图书馆绩效评价与过程管理的实践思考》，《图书馆建设》2013 年第 7 期，第 15—19、3—4 页。

② 国家质量监督检验检疫总局、国家标准化管理委员会：《GB/Z19579—2004 卓越绩效评价准则实施指南》，中国标准出版社 2004 年版。

竞争优势的关联程度，从而确定图书馆的主要价值创造过程和关键支持过程。

2. 按 PDCA 循环设计和管理过程

组织应当基于 PDCA（P：plan，计划；D：do，实施/运行；C：check，检查/评价；A：action，处置/改进）循环对过程实施管理。过程策划、过程实施、过程监测和过程改进四个部分是 PDCA 循环的四个阶段。[①] 对图书馆而言，过程管理始于过程策划，包括识别图书馆的主要价值创造过程和关键支持过程、明确每个过程的具体要求、根据过程的要求对过程进行设计三个步骤；科学有效和高效率地实施开展过程；建立图书馆绩效测量系统，及时获取和采集相关绩效数据；用系统的方法评价过程实施的有效性及效率，持续改进，并将改进成果作为重要的知识资产在图书馆内部进行分享，促进整体绩效的提升。

3. 对过程绩效进行监测与评价

过程的要求来源于用户、员工、供应商、合作伙伴及其他相关方，甚至是相关联的过程。因此，图书馆应当明确过程要求，并据此分析过程的关键控制点，在过程效率、质量、周期、成本、准确性等环节设置清晰、可测量的关键绩效指标，建立完善的绩效监测系统，及时获取和采集相关绩效数据。图书馆过程评价系统不仅关注单一过程的效率，还要确保各过程之间的协调一致，提高整体绩效，满足用户需求，以实现战略目标。

（二）东莞图书馆过程管理实践

1. 识别关键的、为组织创造价值的业务过程及其需求

东莞图书馆依据历史使命、战略目标、运营规划以及用户和相关方的需求，系统地分析了东莞地区的特点和行业发展现状，并通过社会调研、内部讨论、专家咨询、专题研讨等方式，确定了文献采访、文献组织、文献典藏、用户服务四个主要价值创造过程和六

---

① 中国质量协会、卓越国际质量研究中心：《卓越绩效评价准则实务》，中国标准出版社 2007 年版，第 178—179 页。

个关键支持过程，建立了东莞图书馆过程管理体系。在主要价值创造过程中，用户服务是东莞图书馆工作的核心，其直接支撑战略目标的实现，它包括读者发展、文献借阅服务、数字资源服务、参考咨询服务、社会教育与阅读推广、地方文献保存开发与利用、总分馆服务七个子过程（见图5—10），每个过程都有其特定的要求及不同的测量指标和测量方法。

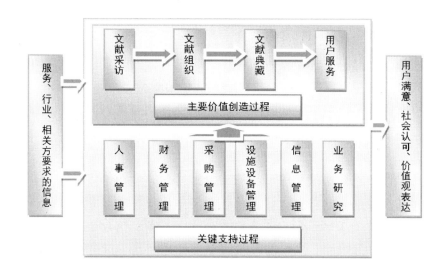

图5—10　东莞图书馆过程管理体系

资料来源：杨累、赵爱杰：《基于事实的管理——东莞图书馆绩效评价与过程管理的实践思考》，《图书馆建设》2013年第7期，第15—19、3—4页。

2. 过程管理的实施与绩效测量、改进

实施过程管理的首要环节就是流程设计，只有通过设计过程管理流程，才能达到对过程的程序化管理和控制。为此，东莞图书馆对四大价值创作过程及其子过程以及六大价值支持过程都精心设计了流程图，展开流程管理，确保了过程管理的有序化。同时，在实施过程中，东莞图书馆通过明确责任分工、制度支持、完善规则、制定测量指标、定期测量、不断改进等方式，确保过程管理的有效性和可操作性。通过过程管理和绩效改进，东莞图书馆的各个关键业务过程运行良好，并形成了各自的特色。

3. 东莞图书馆过程管理的具体案例

在东莞图书馆卓越绩效管理实践中，主要关键价值创造过程和支持过程共有 16 个。本部分仅分析两个用户服务过程，以说明东莞图书馆是如何开展过程管理及绩效评价的。

（1）总分馆服务管理过程

根据战略规划目标及总分馆服务过程的主要要求，结合东莞市、镇（街）两级行政架构的特点，对总分馆服务流程进行设计，按照市、镇（街）、村（社区）三级架构，总馆、镇（街）分馆，村（社区）分馆，图书流动车服务站，24 小时自助图书馆五种形态，在空间上覆盖全市 32 个镇街的体系化服务和"一馆办证，多馆借书；一馆借书，多馆还书"的一体化服务；制定了《东莞图书馆总分馆工作条例》等一系列规章制度来规范该过程的实施，设定了万人拥有图书馆服务站点数、馆际互借速度两个主要测量指标，由辅导部负责实施、定期统计分析并不断改进总分馆服务过程（见图 5—11）。

（2）业务研究过程

业务研究是东莞图书馆学习成长的内在驱动力。东莞图书馆根据战略规划目标及业务研究的主要要求，从业务学习与交流、项目管理、业务研究成果考核三个方面进行过程设计；制定了一系列规章制度规范该过程的实施，设立了公开发表学术论文数量、人均培训时数两个主要过程指标，由业务部负责实施、定期统计分析并不断改进业务研究管理过程（见图 5—12）。

（三）东莞图书馆过程管理的几点经验

1. 通过规范化和标准化，保持过程的稳定性

运营管理的稳定性是组织可持续发展的关键，过程的稳定性则是保障组织内部运营管理效率的有效手段。那么，如何保持过程的稳定性呢？东莞图书馆的做法是通过推行标准化管理、建立健全规章制度、明确管理责权等管理手段，以保持图书馆各项业务和服务过程的稳定性。

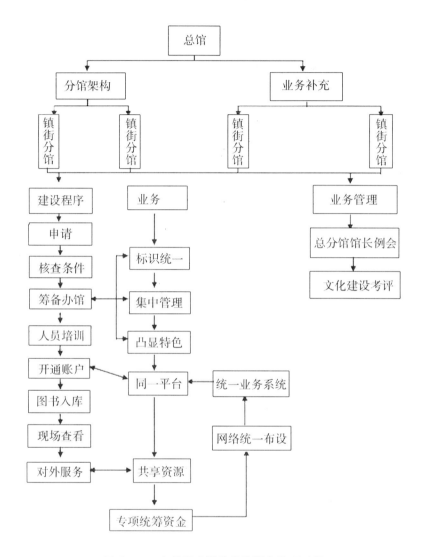

图5—11　东莞图书馆总分馆服务管理过程

资料来源：杨累、赵爱杰：《基于事实的管理——东莞图书馆绩效评价与过程管理的实践思考》，《图书馆建设》2013年第7期，第15—19、3—4页。

2. 统筹协调过程，使其与战略目标一致

过程管理绩效评价系统不仅关注该过程的效率，还要促进各过程之间的有效协同，从而促进整体绩效的提升。譬如，文献外借册

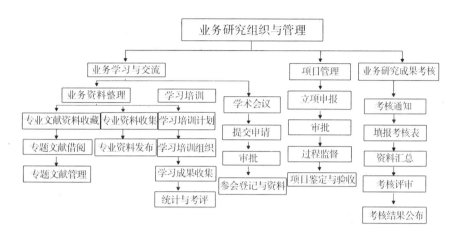

图 5—12 东莞图书馆业务研究过程

本图来源于杨累、赵爱杰：《基于事实的管理——东莞图书馆绩效评价与过程管理的实践思考》，《图书馆建设》2013年第7期，第15—19、3—4页。

次是东莞图书馆重要的战略级指标，整合的过程管理不仅要将该指标要求在相关过程中进行有效贯彻和实施，还要促进各相关过程之间的协调一致。文献借阅服务过程是实现文献外借册次指标的主要过程，因此将馆藏流通率、排架准确性、文献外借平均操作时长作为文献借阅服务的关键控制点，可以保证过程的效率；以书刊文献外借册次为导向，将万人拥有服务站点数和馆际互借速度作为总分馆服务的关键控制点，能够在客观上促进文献借阅服务过程的效率提升。

3. 突出时间指标，增强过程的快速反应力

快速反应越来越成为组织成功的重要因素之一，而组织的这种敏捷性主要取决于过程对外部变化的快速响应，容易受到用户、供应商、合作伙伴及其他相关方的影响。以东莞图书馆为例，为了实现对用户需求的快速反应，不断缩短文献提供周期和服务效率，其各方面的指标已经变得越来越重要：文献采访周期、文献加工周期、文献外借平均操作时长、馆际互借速度、参考咨询响应时间、读者投诉响应时间等已经成为关键的过程测量指标，时间的改进也必将推动图书馆服务质量、成本和效率方面的改进。

七　模块六：绩效测量与知识管理①

卓越绩效模式对于公共图书馆绩效管理的一个重要意义在于它是一种"基于事实的管理"，这也是卓越绩效模式的核心价值观之一。公共图书馆在全面导入实施卓越绩效模式的实践中，应该以各类数据、效益、业务、需求等管理事实为基点进行绩效评价和实施过程管理，推动图书馆的价值创造和效益提升。由此构成了公共图书馆卓越绩效管理标准化的第六个模块——绩效测量和知识管理（见图 5—13）。

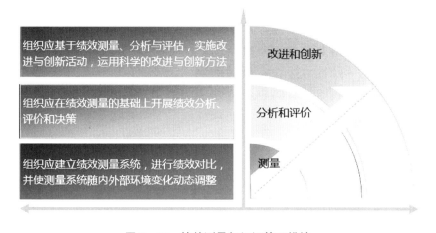

图 5—13　绩效测量与知识管理模块

（一）绩效测量与知识管理的基本内涵

1. 基于事实和数据进行管理

基于事实和数据进行管理是一种科学的态度，要求组织的管理

---

①　本部分重点参阅了广东省社会科学研究项目《公共图书馆卓越绩效标准化管理研究》的阶段性成果：杨累、赵爱杰《基于事实的管理——东莞图书馆绩效评价与过程管理的实践思考》，《图书馆建设》2013 年第 7 期，第 15—19 页。

必须基于绩效的测量和分析。就公共图书馆而言，这些事实和数据包括：读者需求、服务效益、活动效果；内部运营、外部市场、标杆对比；供应商、员工、成本和财务；等等。具体测量什么，取决于图书馆自身战略和事业发展的需要。公共图书馆应围绕事业发展战略，设定关键绩效指标和重点业务过程，定期监测这些指标和过程的最新情况和变化趋势，并基于这些"事实"深入分析和不断改进，从而获取事业持续发展的驱动力。

2. 体现快速反应和灵活性

面对全球化的发展环境和网络化的日益普及，组织生长的"大鱼吃小鱼"法则变成了"快鱼吃慢鱼"。公共图书馆作为一个非营利性组织机构，虽然不像企业那样具有竞争性的关系，但是"快鱼吃慢鱼"的生长法则对于公共图书馆来说同样适用。为了实现快速反应，公共图书馆需要优化工作流程以适应工作重心的转变，需要不断加强馆员培训以适应事业发展的趋势，需要重组和调整部门以适应图书馆战略的变化。因此，公共图书馆的各个工作环节、各项服务操作的时间指标变得愈来愈重要，这些时间指标的测量、分析和改进必将推动公共图书馆质量、成本和效率等方面的全面、系统的改进。

3. 关注结果和创造价值

组织的绩效输出最终是通过效益产出来衡量的，而这种效益产出又归因于对过程的良好管理，因此绩效评价应重点关注两个方面：一是关注绩效产出的结果，二是关注价值创造的过程。对于公共图书馆来说，要关注的关键结果主要应包括用户满意度、服务、财务、人力资源、运营管理、社会责任等方面。之所以要关注这些来自于不同方面的结果，是因为这些结果能为图书馆运营系统的各利益相关方——读者、馆员、政府、供应商、合作伙伴、公众及社会创造价值，平衡其相互间的利益关系。① 与此同时，还需要由果到因，关注那些产出这些结果的价值创造过程，以及支持这些价值创造过程

① 国家质量监督检验检疫总局、国家标准化管理委员会：《GB/Z19579—2004 卓越绩效评价准则实施指南》，中国标准出版社 2004 年版。

的重要支持过程。

（二）公共图书馆绩效评价的测量、分析与改进

1. 指标体系的构建

在当今快速变化的环境下，传统的图书馆绩效评价已然不能满足现代图书馆管理和发展的需要。平衡计分卡（Balanced Score Card，简称BSC）是组织战略绩效管理及评价的重要工具之一，被广泛地应用于各行各业的绩效评价中。近年来，BSC 也开始应用于事业单位及行政单位的绩效评估中。[1] 公共图书馆作为事业单位，与企业在组织架构、管理、战略等方面存在许多差异，因此在应用平衡计分卡时也应有所区别。在卓越绩效模式中，对绩效指标的构建要求非常严格，因此，如何设计和构建科学的绩效指标体系，直接关系到卓越绩效管理的成效。东莞图书馆也非常重视绩效指标体系的建设，围绕组织的战略目标及用户需求，运用平衡计分卡的原理从资源设施、利用与服务、效率效能、影响与发展四个方面来构建绩效指标体系，共设计了 137 个绩效指标。其中，资源设施类绩效指标 14 个，主要关注图书馆环境对用户的吸引和满足；利用与服务类绩效指标 70 个，主要关注图书馆利用情况和效益产出；效率效能类绩效指标 25 个，主要关注图书馆各项工作、服务和管理过程的绩效；影响与发展类绩效指标 28 个，主要关注图书馆的成长、发展及事业影响力。

2. 评价实施

在设定好一套符合图书馆战略需求的绩效指标体系后，图书馆应针对这些指标体系进行测量、分析与改进。绩效的测量、分析与改进主要包括以下几个方面内容：组织绩效，是指高层领导定期评审组织关键绩效指标，并根据绩效评审结果确定并落实改进业务的优先次序，识别创新的机会等；高层领导的绩效，是指依据组织绩效评审的结果来衡量高层领导及领导团队的有效性，从而不断促进

---

① 冷秋菊、张叶红：《基于平衡计分卡的图书馆绩效评估指标体系设计》，《现代情报》2009 年第 10 期，第 128—130 页。

和增强领导力；运营绩效，是指以绩效指标库为依据，选择、收集、整理、传递、分析这些绩效数据和信息，将分析结果用于改进和支持组织日常运作、战略决策与创新发展。

东莞图书馆组织的绩效测量、分析与改进工作，采取馆领导班子统筹、综合部室负责、各职能部室分工承担的机制，从领导层、部室层两个层次展开实施。东莞图书馆围绕其事业发展战略目标及用户需求，运用平衡计分卡原理设定关键绩效指标及测量周期，并将关键绩效指标分解到各职能部室和重点岗位；通过绩效分析会、服务效果分析会、业务讨论会、重大项目专题会、管理团队例会、全年战略研讨会等方式，按照"月—季—半年—年度"的时间进度，分别针对图书馆日常运营指标、过程绩效指标和全馆年度战略进展情况进行分析、总结和研讨；通过各类会议、统计报表、邮件通知、公文流转等渠道与各部室、员工沟通绩效测量、分析与改进的结果，据此实施绩效奖励；将改进成果和经验通过管理规章、研究论文、培训课件、规范标准、平台系统等方式进行知识固化、转化、分享和推广。

测量、分析与改进相当于组织运营和实现战略目标过程的"神经中枢"，同时也是卓越绩效模式核心价值观中的"基于事实的管理"、"组织和个人的学习"以及"促进创新的管理"的具体化。对于公共图书馆的卓越绩效管理来说，测量、分析与改进主要是指图书馆应该选择、收集、分析、管理和改进数据、信息和知识资产，实施和管理改进活动来提高组织绩效。具体来说，公共图书馆应该关注的焦点是如何有效地测量和分析运营服务绩效以及管理组织知识，并将这些关键信息用于促进各项改进活动中，从而获得良好的绩效输出结果，最终提升图书馆的吸引力和竞争力。因为公共图书馆除了是一个讲求服务绩效的组织之外，其本身就是知识信息的集散地，所以像建立绩效指标体系、机构知识仓储、办公自动化 OA 系统、网络信息安全化管理等都是公共图书馆可以采用的重点做法。

此外，对于绩效数据的分析及信息的知识管理本身也是一个组织竞争优势的主要来源，所以测量分析与改进也应是公共图书馆战略管理的一部分。这就要求图书馆除了建立绩效指标系统方便测量分析之外，还需要整合指标系统并使其与事业发展战略相一致，通过促使各种指标协调一致，整合起来形成可以反映和促成战略实现的指标体系。图书馆的领导应该在整个组织中展开绩效测量，跟踪各个职能层次，各种跨职能的工作团队和各过程层次在关键指标上的绩效，并使这些指标数据能反映组织整体绩效的重点和目标，并且通过绩效比较和分析，不断深入理解图书馆各项业务工作过程和绩效输出结果之间的关系，从而基于事实和数据不断调整工作重点和目标要求，做出正确的决策。同时，还需要跟踪其他图书馆的绩效数据和创新做法，选择竞争性比较和标杆对比数据来推动绩效改进。

总的来说，测量分析与改进是贯穿于整个公共图书馆卓越绩效管理模式的始末，从领导、战略到过程、结果，都与之有着千丝万缕的联系。驱动三角与从动三角的联动，靠的就是链条在这其中发挥着串联的作用。不仅测量分析改进的具体工作要融入图书馆卓越绩效管理的方方面面，而且绩效测量的数据、分析改进的结果，可以用于支持日常的领导决策和战略策划、制订战略目标和各项工作计划、确定读者需求和管理读者投诉、建立读者关系和确定读者满意度、优化资源管理体系和过程管理、向主管机构汇报绩效结果等。

八　模块七：结果评估与反馈机制

公共图书馆卓越绩效管理标准化工作的最终效益，通常要通过结果评估的形式得以体现。参照《卓越绩效评价准则实施指南》，公共图书馆标准化工作的结果最终体现在领导、用户、业务活动、财务结果、过程有效性和资源结果六个方面。具体如图5—14所示。

（一）结果的评估

基于卓越绩效开展绩效评估需要实现评估策略和思路的转型。以用户评估为例，公共图书馆卓越绩效管理标准化需要做好如下工作：

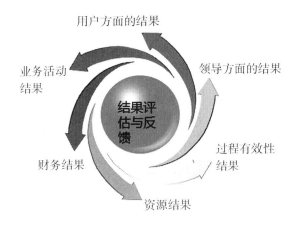

用户方面的结果

业务活动
结果

领导方面的结果

结果评估与反馈

财务结果

过程有效性
结果

资源结果

图 5—14　结果评估与反馈机制

1. 坚持以人为本

公共图书馆作为社会发展的产物，必将与社会的发展与时俱进，必须遵循科学发展观。科学发展观第一要义是发展，核心是以人为本，基本要求是全面协调可持续性，根本方法是统筹兼顾。[①] 作为以服务为基本宗旨的公共图书馆，在基于卓越绩效评估准则对其进行标准化管理的过程中，要切实体现坚持以人为本，坚持全面、协调、可持续发展的原则，就需要构建面向用户的评估指标体系。[②]

在基于卓越绩效评估准则，构建面向用户评估的公共图书馆评估指标体系时，要严格遵循科学发展观中以人为本的内涵要求。用户是公共图书馆服务的对象，又是公共图书馆价值的体现者，用户的满意度才能够真实地反映出公共图书馆的发展能力和水平。公共图书馆作为公益性社会组织，其存在本身就是为人民服务的，其目的就是在服务的同时实现自身的社会职能。图书馆的若干社会职能中，"社会文献信息流整序、传递文献信息"应该最能体现图书馆工作的价值，所以在图书馆评估工作中应把"图书馆满足用户文献信

①　《胡锦涛在党的十七大上的报告》，2009 年 4 月 10 日（http：// news. xinhuanet . com/ newscenter/ 2007/10/ 24/content_ 6938568. htm）。

②　金胜勇、周文超：《面向用户评估的公共图书馆评估指标体系构建》，《图书馆工作与研究》2010 年第 168 期，第 11—16 页。

息需求的能力"作为衡量图书馆工作优劣的主要标尺。[①] 而在文献信息传递过程中，用户是最重要的参与者，以用户为核心的服务则是最重要的环节，坚持以人为本，应该从提高服务质量，提高文献利用率等方面着手。

2. 注重相对结果评估

在以往的评估中，评估指标体系结构单一，而且评估的结果大都是一些绝对的数字，虽然这些数字对图书馆的建设情况有一定的说服力，但不能充分体现图书馆的服务水平。因此，基于卓越绩效准则而开展的面向用户使用的公共图书馆评估指标体系中，不再使用那些以绝对数值来反映的评估指标，如建筑面积、阅览座位的数量等，而是根据用户感知从统计学角度得出评估的相对结果，作为评定优劣的主要依据。例如，A 图书馆共有 1000 个读者阅读座位，B 图书馆有 1200 个读者阅读座位，但 A 馆有 80% 的用户对座位和阅读的便利性感到非常满意，B 馆有 65% 的用户对此感到非常满意。如果按照传统评估方法，B 馆的评估成绩较高；而如果注重相对结果评估，则 A 馆的评估成绩较高。

3. 体现可持续发展的要求

可持续发展要求在构建图书馆评估指标体系时，不仅注重结果评估，同样也要注重过程评估。尽量采用具有前瞻性的评估指标，用可持续发展的标准评价公共图书馆的发展现状，从而引导其走向正确的发展方向。例如，A 馆在第一次评估中有 80% 的用户对座位和阅读的便利性感到非常满意，而在第二次评估中只有 75% 的用户对此感到非常满意，这个百分数的下降说明 A 馆的读者阅览座位数可能已经不能满足用户实际需求或出现其他问题；B 馆在第一次评估中 65% 的用户对此感到非常满意，在第二次评估中有 80% 的用户对此感到非常满意，B 馆进步很明显，虽然在两次评估中 A、B 两个图书馆阅读座位数都没有改变，但评估结果却出现很大的不同。所以，注重过程评估能够很清楚地看到图书馆在发展中存在的问题

---

① 金胜勇、刘雁：《图书馆评估指标体系的逻辑构建》，《中国图书馆学报》2003 年第 4 期，第 88—90 页。

及取得的进步。

4. 重视可操作性

用户参与评估，对评估的实际操作及评估结果的统计都有一定的挑战难度，而且结果大都无法直接量化。在这种情况下，可采用一些定性指标来反映，如"用户满意度"等，以确保指标体系的可操作性。设计定性指标关键是通过相应的途径和形式给其确定分值，通过一定的方法把定性指标量化。一个难以测量或者没有找到科学的测度方法的定性指标，在评估体系中是没有意义的。[①] 只有把定性和定量结合起来才是完美的评估方式。面向用户使用的评估指标更要格外重视其可操作性，无论是通过定性还是定量的方式必须保证用户可以使用，得到评估结果。若无法找到合适的方法对所设置的指标进行量化，那么必须果断舍弃该指标以确保用户的实际操作权，用户不能测定的指标再好也不能采用。

（二）评估结果的反馈

由于我国公共图书馆评估指标体系的目标复杂与多元，评估主体之间的关系离散，各项评价指标之间缺乏关联分析等原因，评估活动在促进公共图书馆服务质量提升方面，还没有充分发挥其应有的作用，具体表现在：[②]

目前，我国公共图书馆评估被赋予了多重目标，也体现于评价结果的显示领域。从服务评价的角度，大致可归纳为两种，一是横向比较后的评比表彰，发挥示范引领的作用；二是纵向回溯整改，实现发展要求。在前一领域，我国公共图书馆评估通过命名一、二、三级图书馆并通报各省文化厅局进行表彰等方式，调动起各级图书馆及图书馆主管部门发展图书馆事业的积极性；同时在操作过程中，组织各地图书馆行政、业务部门负责人与图书馆学专家共同赴各地进行评估，目的是互相交流、互相学习。在后

---

① 李晓明、马涛：《国家图书馆读者服务工作绩效评估体系指标的制定》，《国家图书馆学刊》2002 年第 3 期，第 15—20 页。

② 申晓娟、李丹：《公共图书馆服务评价研究——兼论文化部全国县以上公共图书馆评估工作》，《图书馆研究》2013 年第 269 卷第 9 期，第 51—56 页。

一领域，要求各参评馆对照评估标准中设定的指标，对本馆业务、服务活动进行自评打分，提交评估分析报告，评估组在完成检查后，对参评馆针对性提供整改意见反馈。实践表明此举对我国公共图书馆事业发展发挥了促进作用。① 但由于前文所提到的评价目标、组织实施、指标体系等方面的一些局限，此项评估的正面效应开始趋于消减。2009 年第四次评估工作结束后，各省（区、市）根据文化部要求提交了评估工作总结报告，据统计，其中仅有北京、山西、内蒙古、辽宁、上海、浙江、广东、重庆、贵州、西藏、陕西 11 个省（区、市）在分析本地区图书馆事业发展存在的问题时，简要提到了图书馆服务工作，北京、河北、山西、内蒙古、上海、河南、广东、西藏、陕西、青海、新疆 11 个省（区、市）略略点到了业务建设，而几乎所有省（区、市）都以大量篇幅对"经费不足"、"人才短缺"、"设施设备落后"、"发展不均衡"等进行详细描述。这一现象表明评估活动最初设定的多重目标，正在被参评馆引向"促进地方政府对图书馆事业的支持"范畴；由于评估组织以参评图书馆的主管部门为主体，不同程度上还表现出"王婆卖瓜，自卖自夸"的倾向；对图书馆业务建设和服务活动的检查，大量表现为传播图书馆价值，扩大图书馆影响，提高图书馆社会地位为目标的宣传，而对图书馆服务活动中存在的问题大多刻意忽略或回避，最终消弭了服务评估的原始需求。若地方政府不为所动，参评馆无法获得评估活动对自身业务和服务的激励反馈，丧失对评估活动的积极性也是一种必然。此外，我国现有公共图书馆评估指标体系设计中缺乏必要的指标关联分析，当评估中发现服务质量不高、效果不理想、效率偏低等问题时，大多简单地归纳为"经费不足"、"人才短缺"、"设施落后"等因素，希望依此争取政府行政资源支持，真正从图书馆自身业务建设、服务规范等角度的内省分析普遍欠缺，这也将是事

---

① 李丹、申晓娟、王秀香、韩超：《新起点　新视野　新任务——第五次全国公共图书馆（成人馆部分）评估定级标准解读》，《中国图书馆学报》2013 年第 2 期。

业良性发展的障碍。①

　　为了克服上述问题，在基于卓越绩效开展公共图书馆管理标准化的过程中，应加强评价方法的研究和应用。在统计分析方法研究视域，我国公共图书馆评估活动大体属于综合评价方法（或称多指标综合评价方法），即运用多个指标对多个参评单位进行评价的方法，浙江工业大学虞晓芬等将其归纳为主观赋权评价法和客观赋权评价法两种基本类型。② 根据这一分类，我国公共图书馆评估采用的基本是主观赋权评价法中的层次分析方法。只是这种层次分析方法的应用，没有建立在科学可靠的研究基础之上，而仅仅是基于主观经验的一种自发选择，其中无论是指标体系的内容设计，还是各部分指标因素之间的权值分配，都缺乏可重复推演的研究和确认。应当指出的是，并不存在一种单一的评价方法，能够将定量分析与定性评价完美地结合起来，并有效避免其中主观判断带来的随机性和不确定性。我国公共图书馆评估单一地使用层次分析方法，最为显著的缺陷在于专家个人经验与认识的自然依赖，在定性指标缺乏评分细则的情况下，同一专家，在不同时间和环境下也有可能出现不同的主观尺度，导致对不同馆的结论差异。基于不同的评价目的，图书馆服务评价活动所适用的评价方法应有所不同。在综合评价分析方法之外，针对服务投入、服务产出、服务效率、服务效益等不同侧面的评价，可运用定标比超、平衡计分卡等方法。而对这些评价方法的运用必须确立对这些方法深入研究和适应性改造的前提。例如，应用定标比超方法，必须依据图书馆的目标定位及其现实发展基础选择合适的标杆；平衡计分卡方法的应用则要求对图书馆的战略方向及其所处的发展环境有明确的认识等。

---

　　① 申晓娟、李丹：《公共图书馆服务评价研究——兼论文化部全国县以上公共图书馆评估工作》，《图书馆研究》2013 年第 269 卷第 9 期，第 51—56 页。

　　② 虞晓芬、傅玳：《多指标综合评价方法综述》，《统计与决策》2004 年第 1 期。

六论　植根信息社会

——信息社会问题的凸显与公共图书馆的转型

随着社会信息化程度的加深，图书馆职业面临着深刻的转型。导致这场转型发生的原因是多方面的：第一，信息载体（如书籍）内容的数字化在很大程度上改变了图书馆的物质形态，传统的"馆藏"概念正在发生深刻变迁。第二，互联网成为了信息交流的主战场，日新月异的新型信息提供、服务与消费方式在丰富图书馆专业活动内容的同时，也对原有的信息服务方式形成了明显的挑战。第三，在信息社会背景下，用户的信息行为发生了深刻变化，走向用户中心已成为图书馆职业适应信息社会需求的基本路径，等等。然而，深入考察图书馆职业发展的历史过程，可以看出，导致图书馆职能、角色及服务方式变化的根源在于，社会信息化下日益严重的信息贫富分化现象及由此而导致的社会结构与用户行为的深刻变化。简言之，图书馆职业的变迁植根于信息社会这一宏大的背景之下，图书馆职业在新时期的生存和发展则将直接取决于其对信息社会的适应性。

一　信息社会研究的主要理论流派

邱林川[1]在对弗兰克·韦伯斯特（Frank Webster）的《信息社会

---

[1]　邱林川：《信息"社会"：理论、现实、模式、反思》，《传播与社会学刊》2007年第5期。

理论》（*Theory of Information Society*）等理论著述进行综合分析的基础上，把西方信息社会理论归为五大流派：（1）部分关心经济问题的研究者把信息技术看成现代化过程的一部分，视信息技术为促进人类进步的"革命"力量。这部分研究者中的代表人物有弗尔茨·马克拉伯（Fritz Machlup）、马克·普若瑞提（Marc Prorat）、彼得·德鲁克（Peter Drucker）等，这一流派受到了涂尔干分工论的影响。（2）"后现代学派"。这一流派认为信息技术加速了现代性的消亡，认为信息社会从本质上是"反理性"的，是对现代化过程的颠覆。代表人物有简恩·鲍德里亚（Jean Boudrillard）、詹尼·范思哲（Gianni Vattimo）、马克·彼斯特（Mark Poster）等。（3）具有信息政治经济学理论背景的研究者则把信息革命看作资本主义体系演变的关键因素，把研究的重点放在公共领域、媒体所有制、社会公平等方面。这一学派坚持民主、平等、理性等现代性原则。代表人物有彼得·戈尔丁（Peter Golding）、格雷厄姆·默多克（Graham Murdoch）、文森特·莫斯科（Vincent Mosco）、席勒（Schiller）父子等。（4）还有部分研究者在总体上将信息社会看成社会现代化的一部分，强调政府、公司等大型组织利用信息传播加强现代化监控手段，进行"控制革命"。代表性人物有吉登斯（Giddens）、詹姆斯·贝尼格（James Beniger）、奥斯卡·甘地（Oscar Gandy）等。（5）"网络社会流派"。这一流派整合了除"后现代学派"之外的几乎所有流派，代表人物有简·范·戴克（Jan van Dijk）、贝里·威廉姆（Berry Wellman）、安娜贝拉·萨克森宁（Annallee Saxenian）、马修·祖克（Matthew Zook）等，Manuel Castells 是这一学派的集大成者。

　　基于对上述理论流派的分析，邱林川认为，不同学术流派之间相互激荡，对信息社会的理论研究产生了如下启示：（1）不能只研究新型信息传播技术，因为它只是信息社会的冰山一角，本领域的研究应该有相对宽广的学术视野。（2）信息社会最重要的原命题是社会进步，包括技术进步，但更重要的是经济发展、政治民主、文化多元，是社会的全面进步。（3）彻底摒弃商业公关和政府宣传对学界的偏颇影响，信息社会理论的产生和发展要以对社会现实的发掘和整理为基础。

对信息社会理论流派进行梳理和反思，对于信息分化研究有着非常积极的意义：一方面，信息分化研究必然以信息社会理论为基础，从中汲取理论养分；另一方面，丰富和完善信息社会理论也是信息分化研究的重要价值体现。从这个意义上说，上述各种信息社会研究的理论流派为信息分化问题研究的进一步深化提供了理论准备。

二 信息分化研究的理论视角

如同其他社会现象一样，信息分化问题一经纳入研究者的视野，不同理论立场的研究者就对其进行了不同的解读。列伍罗沃（Lievrouw）和法博（Farb）[1] 通过把"信息"与"公平"相结合进行分析，发现现有关于信息社会背景下的社会不平等研究可归结为两种视角：垂直或同质分层视角（vertical or hierarchical perspective）和水平或异质分层视角（horizontal or heterarchical perspective）。本书依据这种分类方法，对信息分化领域的研究成果梳理如下。

（一）同质分层视角的信息分化研究

同质分层视角的信息分化研究，又称信息分化研究的垂直视角，是指社会经济特征相似的人群在信息分化中也处于相似的阶层。如，在数字鸿沟的研究中，信息获取与使用常常与人们的社会经济地位相联结，据此可以大体依据人群在社会、经济、文化等方面的共同特质（同质人群）而将其划分为信息"穷人"和"富人"。同质分层视角一般把信息视作私有商品，认为人们社会经济地位的优劣决定其得到这种商品的多寡。

列伍罗沃和法博[2]指出，同质分层视角是迄今为止信息分化研究的主流。早期的同质分层信息分化研究以针对信息穷人与富人的研究为代表，认为如同任何私有商品一样，拥有更多财富或其他方面社会

---

[1] Lievrouw L. A., Farb S. E., "Information and Equity", *Annual Review of Information Science and Technology*, No. 37, 2003, pp. 499-540.

[2] Ibid..

优势的人更容易获取和使用信息，而且信息作为商品也可相互交换。此类研究至少可追溯到伯纳德·贝雷尔森（Bernard Berelson）于 1949 年针对美国图书馆使用情况展开的研究，在这项研究中，研究者发现人们的社会经济地位与其对图书馆的使用情况正相关。① 1975 年，奇尔德斯（Childers）和波斯特（Post）出版了《美国的信息穷人》一书，验证了信息贫困与经济和社会地位有关。② 在同质分层视角的研究中，最著名的当数提契诺（Tichenor）、多诺霍（Donohue）和奥列尔（Olien）③ 提出的"知识沟"假说。知识沟假说认为，信息流入社区时，会进一步增大经济社会地位优势人群与劣势人群之间的鸿沟，从而使现有的不平等更趋恶化。④ 茨威格（Zweizig）等 1977 年针对图书馆用户展开的一系列研究表明，教育水平与图书馆使用情况密切相关，同时，教育水平与社会经济地位之间也存在着密不可分的关系，因此社会经济地位对图书馆使用存在着重大影响。⑤ 由卡根（Kagan）起草的"国际图联社会责任讨论组"报告中，强调了人们的富裕程度与信息获取之间的关系，这一报告把信息穷人定义为：⑥（1）发展中国家的经济弱势人群；（2）地处通信和交通闭塞地区的农村人群；（3）文化和社会贫困人口，特别是文盲、老人、妇女和儿童；（4）受到种族、教义和宗教歧视的少数民族；（5）身体残疾者。

随着信息分化研究的深化，如何对其进行有效治理逐渐引起了社会的重视。公共图书馆作为服务公民信息需求的一项制度安排，在治理信息分化的研究中被置于一个重要位置。德拉·皮诺·麦库克

---

① Berelson B., *The library's Public*, New York: Columbia University Press, 1949.

② Childers T., & Post, J. A., *The Information Poor in America*, Metuchen, N. J.: Scarecrow Press, 1975.

③ Tichenor P. J., Olien C. N., Donohue G. A., "Mass Media Flow and Differential Growth in Knowledge", *Public Opinion Quarterly*, Vol. 34, 1970, pp.159–170.

④ Ibid..

⑤ Zweizig D. & Dervin B., "Public Library Use, Users, Uses: Advances in Knowledge of the Characteristics and Needs of the Adult Clientele of American Public Libraries", in M. J. Voigt & M. H. Harris (Eds.), *Advances in Librarianship*, No. 7, 1977, pp.231–255.

⑥ Kagan A., "The Growing Gap between the Information Rich and the Information Poor, Both within Countries and between Countries. A Composite Policy Paper of the Social Responsibilities Discussion Group, International Federation of Library Associations and Institutions", Retrieved November 21, 2000, 2011-09-08, from http://www.ifla.orgMYdglsrdg/srdg7.htm.

（Dela Pena McCook）认为图书馆员必须理解社会经济环境下的贫困，以便有效传递信息，实现图书馆在民主化进程中应有的功能。① 信息公平政策一直是美国图书馆协会（ALA）的一项基本宗旨，1999 年 ALA 年度报告指出，"图书馆非常需要重新定位自己在为贫困者提供各种资源过程中的角色"②。不难看出，信息时代公共图书馆界对自己职业的定位是，为"社会经济环境下的贫困者"提供服务，以便促进社会信息贫富分化的消除，这显然是一种同质分层的立场。

在同质分层信息分化的研究者中，查特曼（Chatman）是一位引人注目的研究者。查特曼通过对贫穷的老年女工、监狱中的犯人、低技能的工人进行深入访谈，发现社会和文化标准规制了这些人的信息行为，在这些弱势人群中形成了"小世界"，从而造成了信息贫困［查特曼③④⑤⑥；查特曼和彭德尔顿（Pendleton）⑦］。此外，研究者还发现性别［哈里斯（Harris）⑧，谢德（Shade）⑨］、种族和语言［刘梦雄（Liu）］⑩ 等也对信息贫困的形成有着明显的影响，这

① Dela Pena McCook, K., "Poverty, Democracy and Public Libraries", Ln N. Kranich (Ed.), Libraries: *The Cornerstone of Democracy*, Chicago: American Library Association, Retrieved January 2, 2002, 2011-09-08, from http: //www. cas. usf. edu/lis/faculty/l' DandPL. html.

② 转引自 Dela Pena McCook, K., "Poverty, Democracy and Public Libraries", in N. Kranich (Ed.), Libraries: The Cornerstone of Democracy, Chicago: American Library Association. Retrieved January 2, 2002, 2011-09-08, from http: //www. cas. usf. edu/lis/faculty/l' DandPL. html。

③ Chatman E. A., "Information, Mass Media Use and the Working Poor", *Library & Information Science Research*, No. 7, 1985, pp. 97-113.

④ Chatman E. A., "The Information World of Low-skilled Workers", *Library & Information Science Research*, No. 9, 1987, pp. 265-283.

⑤ Chatman E. A., *The Information World of Retired Women*, Westport, CT Greenwood Press, 1992.

⑥ Chatman E. A., "Framing Social Life in Theory and Research", *New Review of Information Behaviour Research*, No. 1, 2000, pp. 3-17.

⑦ Chatman E. A., & Pendleton, V. E. M., "Knowledge Gaps, Information-seeking and the Poor", *Reference Libraria*, 1995 (49/50), pp. 135-145.

⑧ Harris R., "Service Undermined by Technology: An Examination of Gender Relations, Economics and Ideology", *Progressive Librarian*, 2011-09-08, from http: //www. libr. org/PUlO-11-Harris. htm1.

⑨ Shade L. R., "A Gendered Perspective on Access to the Information Infrastructure", *The Information Society*, No. 14, 1998, pp. 33-44.

⑩ Liu M., "Ethnicity and Information Seeking", *Reference Librarian*, 1995 (49/50), pp. 123-134.

种影响强化了社会经济地位同质群体在信息分化中的同质性。

随着 20 世纪 90 年代以来的社会信息化程度的加深，数字鸿沟渐成同质分层视角信息分化研究的主流。数字鸿沟研究一方面拓展了人们对信息社会问题的认识，另一方面也因明显的技术决定主义倾向而遭到越来越多的批评。在此背景下，关注信息分化问题的研究者进而转向数字不平等研究，试图通过把更多维度纳入到信息分化的研究之中，以克服数字鸿沟研究者以技术"有"和"无"二元对立判断信息分化所造成的局限性。鉴于数字鸿沟和数字不平等研究在最近十年来已取得数量庞杂的研究成果，本部分将对其在下一节专门进行综述，在此不赘。

同质分层视角的信息分化研究有着显而易见的局限性。麦克里迪（McCreadie）和赖斯（Rice）[1] 认为，同质分层视角的基点在于"马太效应"（Matthew Effect）。然而，对某种信息源和信息技术的拥有或获取并不意味着人们可以自动从中获益，只有当个体赋予其意义时，信息对个体才是有价值的。而个体能否赋予信息以意义并使之变得有用，很大程度上依赖于其技能、经验和其他环境因素。据此，列伍罗沃和法博[2]分析认为，同质分层视角的缺陷是把信息的贫富等同于其他任何形式的贫富，认为信息的富有是有限而可以累积的，只需要测度某个人或某个群体比他人多使用了多少信息就能精确地反映信息的贫富差距。按这种逻辑推理，极低社会经济地位的个体或严重的社会弱势群体的信息获取与使用应该接近于零，反之，精英阶层则会信息越来越富有。显然，这种视角对信息资源在人们生活中扮演的复杂角色的把握是不完整的，其实质是把复杂问题进行了简单化处理。

（二）异质分层视角的信息分化研究

与同质分层视角的信息分化不同，异质分层视角（水平视角）

　　[1]　McCreadie M., & Rice R. E., "Trends in Analyzing Access to Information. Part I: Cross-disciplinary Conceptualizations of Access", *Information Processing & Management*, No. 35, 1999, pp. 45–76.

　　[2]　Lievrouw L. A., Farb S. E., "Information and Equity", *Annual Review of Information Science and Technology*, No. 37, 2003, pp. 499–540.

的信息分化认为，即使来自相同社区、种族或具有相同经济背景的
人群，其信息需求和使用也存在着差异，即社会经济背景同质的人
群其信息世界也很可能具有异质性。这种视角认为，信息不仅具有
与其他商品类似的属性，而且也是一种具有主观性和高度环境依赖
性的无形的公共产品。这种产品的特性之一是不因使用而出现损耗。
从异质分层的视角看，除非人们的有效参与，否则仅仅通过对信息
服务和信息系统等物质资源的重新分配并不能解决信息分化问题。
据此，研究者的任务是在洞察信息资源分配的方式与质量，以及人
们是否使用和如何使用这些信息资源。而国家政策的目标应该是使
每个人都可获取信息资源，并通过这些资源实现其个人目的，有效
地参与社会。

　　列伍罗沃和法博[1]发现，与同质分层视角在信息分化研究领域受
到普遍认同形成鲜明对比的是，异质分层视角在很大程度上被忽视
了。事实上，信息分化问题研究中的异质分层视角可追溯到 20 世纪
70 年代。德尔文（Dervin）和尼拉（Nilan）[2] 对 1978 年以来信息行
为的研究成果进行综述时发现，本领域的研究已转向用户中心范式，
而这种转向正是异质分层视角信息分化研究的源头。[3] 异质分层视角
反对把信息视为客观的物品。德尔文[4][5][6]指出，如果把信息视为客
观物品，则根本无法解释在社会建构、环境依存、偶遇等情况下的

---

① Lievrouw L. A., Farb S. E., "Information and Equity", *Annual Review of Information Science and Technology*, No. 37, 2003, pp. 499-540.

② Dervin B., & Nilan, M., "Information Needs and Uses", *Annual Review of Information Science and Technology*, No. 21, 1986, pp. 3-33.

③ Lievrouw L. A., Farb S. E., "Information and Equity", *Annual Review of Information Science and Technology*, No. 37, 2003, pp. 499-540.

④ Dervin B., "The Everyday Information Needs of the Average Citizen: A Taxonomy for Analysis", in M. Kochen & J. Donohue (Eds.), *Information for the Community*, Chicago: American Library Association, 1976, pp. 19-38.

⑤ Dervin B., "Communication Gaps and Inequities: Moving toward a Reconceptualization", *Progress in Communication Sciences*, No. 2, 1980, pp. 73-112.

⑥ Dervin B., "Information as a User Construct: The Relevance of Perceived Information Needs to Synthesis and Interpretation", in S. A. Ward & L. J. Reed (Eds.), *Knowledge Structure and Use: Implications for Synthesis and Interpretation*, Philadelphia: Temple University Press, 1983, pp. 153-183.

无形信息，因此把信息从其特有的环境中分离出来是对其本质最大限度的扭曲和最无意义的解读，即便是凭直觉，把信息作为物品拥有和交换的观点也常常难以自圆其说。

异质分层视角植根于建构主义学说之中。站在建构主义的立场上，许多研究者对本领域的研究进行了反思。如，迪克（Dick）① 发现，图书馆与情报学领域的研究者从认识论的层次开始对信息到底是"被发现的"还是"被建构的"予以质疑。基于认识论的转向，斯汪森（Swanson）② 发现，许多研究者开始从对传统的由专家驱动的、自上而下设计的信息组织、存储和检索系统进行否定。科尔（Cole）③ 指出，这种新的范式把信息重新定义为"至少在某种程度上是由用户建构的主观现象"。

异质分层视角在图书馆职业实践活动中也得到了回应。如，莫斯科在加拿大国家图书馆关于接入、公平和网络的报告中指出，加拿大的社会和信息政策应该更关注于培育个体的能力与兴趣，"把传统的关于接入的定义（即把接入定义为特定硬件或软件技术获取）进行拓宽非常重要，更深层次地说，接入必须伴随着能力、智慧、社会和文化方可转变成人们对信息高速公路的有效使用"④。

综上所述，从理论构建的角度看，异质分层视角的研究者所秉持的基本观点是，由于人们从信息中获益常常依赖于个体的建构能力，在信息技术扩散的背景下，即使社会经济地位同质的人群中也很可能因建构能力的差异而出现信息分化，从而使"经济社会地位同质"的人群演化成"信息异质"的人群。异质分层视角融合了现象学看待信息的主观视角、信息政治经济学对信息商品化的批判以及把社会正义视为公正而非

---

①　Dick A. L., "Epistemological Positions and Library and Information Science", *Library Quarterly*, No. 69, 1999, pp. 305－323.

②　Swanson D. R., "Historical Note: Information Retrieval and the Future of an Illusion", in K. Sparck Jones & P. Willett (Eds.), *Readings in Information Retrieval*, San Francisco: Morgan Kaufmann, 1997, pp. 555－561.

③　Cole C., "Operationalizing the Notion of Information as a Subjective Construct", *Journal of the American Society for Information Science*, No. 45, 1994, pp. 465－476.

④　Mosco V., "Public Policy and the Information Highway: Access, Equity and Universality. A Report to the National Library of Canada, Contract no. 70071－9－5107", Retrieved August 16, 2001, 2011－10－08, from http: llwww. carleton. edd-vmosco/pubpol. htm.

绝对平等的理论视角。异质分层视角的信息分化问题研究者不再把信息资源的分配作为解决信息分化问题的唯一对策。很多研究者试图通过对个体获取与使用信息中所处的社会网络分析解释信息分化，与此同时，社会资本、公共产品等概念也随之进入了本领域研究者［如，迪马乔（DiMaggio）等①，帕特南（Putnam）②，韦尔曼（Wellman）等③］的视野。很多研究者都发现，在人们的日常生活中社会网络不仅是一种强有力的信息源，而且起着过滤信息和把成员融入信息环境的功能。例如，科尔曼（Coleman）④ 发现，社会网络塑造了人们信息交流的特征和对信息的敏感度。帕特南⑤认为，由于社会网络越大，则越能为个体提供重要信息源和社会资本，因而社会网络和社会资本能够使其成员获取更大的外部效益，得到高质量的公共产品。安东（Anton）等⑥，因垂尼（Introna）等⑦，莱西希（Lessig）⑧⑨，撒拉格尔丁（Serageldin）⑩，施帕

①　DiMaggio P., Hargittai E., Neuman W. R., & Robinson J. P., "Social Implications of the Internet", *Annual Review of Sociology*, No. 27, 2001, pp. 307–336.

②　Putnam R. D., *Bowling Alone: The Collapse and Revival of American Community*, New York: Simon & Schuster, 2000.

③　Wellman B., Salaff J., Dimitrova D., Garton L., Gulia, M., & Haythornthwaite C., "Computer Networks as Social Networks: Collaborative Work, Telework, and Virtual Community", *Annual Review of Sociology*, No. 22, 1996, pp. 213–238.

④　Coleman J. S., "Social Capital", in *Foundations of Social Theory*, Cambridge, Belknap Press, 1990, pp. 300–321.

⑤　Putnam R. D., *Bowling Alone: The Collapse and Revival of American Community*, New York: Simon & Schuster, 2000.

⑥　Anton A., Fisk M., & Holmstrom, N., *Not for Sale: Independent of Public Goods*, Boulder, CO: Westview Press, 2000.

⑦　Introna L. D., & Nissenbaum H., "Shaping the Web: Why the Politics of Search Engines Matters", *The Information Society*, No. 16, 2000, pp. 169–185.

⑧　Lessig, L., *Code and Other Laws of Cyberspace*, New York: Basic Books, 1999.

⑨　Lessig, L., *The Future of Ideas: The Fate of the Commons in a Connected World*, New York: Random House, 2001.

⑩　Serageldin I., "Cultural Heritage as Public Good: Economic Analysis Applied to Historic Cities", in I. Kaul, I. Grunberg, & M. A. Stern (Eds.), *Global Public Goods: International Cooperation in the 21st Century*, Oxford, UK Oxford University Press, 1999, pp. 240–263.

尔（Spar）①，施蒂格利茨（Stiglitz）②，士（Sy）③，范·登·霍芬（van den Hoven）④ 等都发现，许多类型的信息、技术系统、知识和文化遗产都是公共的而非私人产品。近十年来，从社会网络及社会资本角度对信息分化问题进行的研究数量明显增加，其理论深度也得以不断深化。

同质分层和异质分层两种理论视角从不同角度对信息分化进行了分析，然而，这两种视角之间绝非彼此隔绝、完全对立的。列伍罗沃和法博指出，如果把信息平等作为一种社会目标，则同质和异质视角都应该得到充分观照。具体而言，信息分化问题的解决需要同时关注如下因素：（1）信息资源和信息技术的不均衡扩散将使现有的社会经济地位不平等趋于恶化，因此，解决信息分化首先需要关注信息资源的均衡配置。（2）在人们缺乏信息使用能力的前提下，即使最均衡的信息资源配置也是无意义的，因此，必须为人们创造足够的学习机会。（3）开放、开源的价值观与人们的信息获取和使用密切相关，应该倡导这些价值观。（4）信息资源的提供及相关政策的制定应深深地植根于人们的生活环境之中。（5）社会生活环境如何型塑了人们的信息需求和兴趣应该引起足够关注。⑤

① Spar D. L. , "The Public Face of Cyberspace", in I. Kaul, I. Grunberg, & M. A. Stern (Eds.), *Global Public Goods: International Cooperation in the 21st Century*, Oxford, UK: Oxford University Press, 1999, pp. 344–363.

② Stiglitz J. E. , "Knowledge as a Global Public Good", in I. Kaul, I. Grunberg, & M. A. Stern (Eds.), *Global Public Goods: International Cooperation in the 21st Century*, Oxford, UK Oxford University Press, 1999, pp. 308–325.

③ Sy J. H. , "Global Communication for a More Equitable World", in I. Kaul, I. Grunberg, & M. A. Stern (Eds.), *Global Public Goods: International Cooperation in the 21st Century*, Oxford, UK Oxford University Press, 1999, pp. 326–343.

④ van den Hoven J. , "Distributive Justice and Equal Access: Simple vs. Complex Equality", in L. D. Introna (Ed.), *Proceedings of the Computer Ethics: Philosophical Enquiry (CEPE '98) ConferenceC*, London: London School of Economics and Political Science, 1998.

⑤ Lievrouw L. A. , Farb, S. E. , "Information and Equity", *Annual Review of Information Science and Technology*, No. 37, 2003, pp. 499–540.

三　数字鸿沟研究进展

（一）数字鸿沟的界定与操作化

如何定义数字鸿沟并对其进行操作化，对于本领域的研究至关重要。如果追根溯源，当前数字鸿沟研究领域的争论与分歧几乎都与研究者对数字鸿沟的界定有着千丝万缕的联系。在数字鸿沟研究领域，迄今最有影响力，也受到其他国家和国际组织的普遍认同的定义是由美国商务部做出的，① 即数字鸿沟指"计算机和 Internet 的获取（access）率之间的差异"②。但在具体研究实践中，不同研究者常常又对数字鸿沟进行了各自界定。

虽然数字鸿沟的研究迄今已产生了大量研究成果，然而，数字鸿沟的定义并未因研究的深入而趋于统一，相反，目前研究者对数字鸿沟的理解似乎更趋多元化。仅仅是对如何才能算得上对 Internet 的"获取"（access）就可以从现有研究中提取出数十种不同的解释。上述分歧的一个后果是，对数字鸿沟的不同定义演化成各异的操作性定义和测度指标，进而又产生出不尽一致甚至相互矛盾的研究结论来。显然，缺乏有足够包容能力和解释力的概念界定及操作性定义已成为制约本领域研究得以进一步深化的一个瓶颈。

（二）数字鸿沟研究的进化

与研究者对数字鸿沟概念的界定相呼应，数字鸿沟研究也经历了一个进化的过程。古德（Goode）③ 认为，数字鸿沟的研究经历了如

---

① Wong Y. C. L., Chi Kwong, Fung John Y. and Lee V., "Digital Divide and Social Inclusion: Policy Challenge for Social Development in Hong Kong and South Korea", *Journal of Asian Public Policy*, Vol. 3, No. 1, 2010, pp. 37–52.

② U. S. Department of Commerce (ESA & NTIA), *Falling through the Net: Toward Digital Inclusion*, Washington, DC: Author, 2000.

③ Goode J., "The Digital Identity Divide: How Technology Knowledge Impacts College Students", *New Media Society*, No. 12, 2010, p. 497.

下三个阶段的进化过程：第一阶段的数字鸿沟研究强调"获取"（access）。学术界对于数字鸿沟的关注源自于数字技术获取和使用的不均衡，而1995年美国通信与信息管理署发布的计算机不均衡扩散的报告则是数字鸿沟研究的肇始。这一阶段数字鸿沟的研究强调大规模的调查与统计，但缺乏相应的理论框架，而且也无法对信息社会的全景进行有效的描述，因此招致了大量的批评。如，荣格（Jung）等①，塞尔温（Selwyn）②，华沙威尔（Warschauer）③④⑤ 等。第二阶段的数字鸿沟研究强调"技能和使用"（skill and usage）。在这一阶段，研究者关注的焦点是人们如何使用技术，并通常把技术使用的不平衡归因于教育。如比彻（Becker）⑥，华沙威尔等⑦⑧，清（Ching）⑨ 等。第三阶段的数字鸿沟研究是建立在对前两阶段数字鸿沟研究中明显的技术决定主义倾向进行批判的基础之上的，这一阶段研究者关注的最重要问题是数字鸿沟如何反映和强化了社会和经济的不平等。也有研究者从数字鸿沟研究者所秉持理论立场的差异出发，对于数据鸿沟研究的阶段进行了划分。罗迪诺·科洛西诺

---

① Jung J. Y., Qiu J. L. and Kim Y. C., "Internet Connectedness and Inequality: Beyond the 'Divide'", *Communication Research*, Vol. 28, No. 4, 2001, pp. 507-535.

② Selwyn N., "Reconsidering Political and Popular Understandings of the Digital Divide", *New Media & Society*, Vol. 6, No. 3, 2004, pp. 341-362.

③ Warschauer M., "Demystifying the Digital Divide: The Simple Binary Notion of Technology Haves and Have-nots Doesn't Quite Compute", *Scientific American*, Vol. 289, No. 2, 2003, pp. 42-47.

④ Warschauer M., *Technology and Social Inclusion: Rethinking the Digital Divide*, Cambridge, MA: MIT Press, 2003.

⑤ Warschauer M., Knobel M. and Stone L., "Technology and Equity in Schooling: Deconstructing the Digital Divide", *Educational Policy*, Vol. 18, No. 4, 2004, pp. 562-588.

⑥ Becker H. J., "Who's Wired and Who's Not: Children's Access to and Use of Technology", *Children and Computer Technology*, Vol. 10, No. 2, 2000, pp. 44-75.

⑦ Warschauer M., "Technology and School Reform: A View from Both Sides of the Track", *Educational Policy Analysis Archives*, Vol. 8, No. 4, 2000, pp. 6-12.

⑧ Warschauer M., Knobel M. and Stone L., "Technology and Equity in Schooling: Deconstructing the Digital Divide", *Educational Policy*, Vol. 18, No. 4, 2004, pp. 562-588.

⑨ Ching C., Basham J. and Jang E., "The Legacy of the 'Digital Divide'", *Urban Education*, Vol. 40, No. 4, 2005, pp. 394-411.

（Rodino-Colocino）[①] 认为，迄今为止本领域经历了两波数字鸿沟的研究。第一波数字鸿沟（Digital Divide Ⅰ：The First Wave）可称之为"硬技术决定主义"，认为技术直接影响社会变化。美国商务部1995年以来出台的系列报告可被视为硬技术主义的代表。第二波数字鸿沟（Digital Divide Ⅱ：The Second Wave）属于"软技术决定主义"，在认为技术是一种影响社会的现象的同时，又把技术本身作为一种社会问题的症状。如，杨（Jung）等[②]在对第一波数字鸿沟进行批判性分析的基础上，提出以连接度（connectedness）代替获取（access）。塞夫隆（Sevron）[③] 提出，获取只能作为数字鸿沟问题诸多维度中的一个。莫斯伯格（Mossberger）等[④]认为数字鸿沟应扩展到技术技能和素养与对 Internet 的获取、经济机会、民主区隔之间的互动。华沙威尔[⑤]呼吁数字鸿沟的研究应与技术、社会、经济和政治问题相关联的非技术变量。

　　普鲁曼-文格尔夫斯（Pruulmann-Vengerfeldt）[⑥] 则对传统的数字鸿沟测度提出了质疑，并认为"信息社会"不等于"信息+社会"，以数字鸿沟为代表的现有信息社会的测度陷入了一个误区——把技术作为了社会发展变化的唯一动力。布拉曼（Braman）[⑦]、

　　① Rodino-Colocino M.，"Laboring under the Digital Divide"，*New Media Society*，No. 8，2006，pp. 487.

　　② Jung J. Y.，Qiu J. L. and Kim Y. C.，"Internet Connectedness and Inequality：Beyond the 'Divide'"，*Communication Research*，Vol. 28，No. 4，2001，pp. 507-535.

　　③ Sevron L.，*Bridging the Digital Divide：Technology，Community，and Public Policy*，Malden：Blackwell，2002.

　　④ Mossberger K.，C.，Tolbert and M. Stansbury，*Virtual Inequality：Beyond the Digital Divide*，Washington，DC：Georgetown University，2003.

　　⑤ Warschauer M.，*Technology and Social Inclusion：Rethinking the Digital Divide*，Cambridge：MIT Press，2003.

　　⑥ Pruulmann-Vengerfeldt，P.，"Exploring Social Theory as a Framework for Social"，*The Information Society*，No. 22，2006，pp. 303-310.

　　⑦ Braman S.，"Defining Information：An Approach for Policymakers"，*Telecommunications Policy*，Vol. 13，No. 3，1989，pp. 233-242.

麦基（MacKay）①、达顿（Dutton）②、怀亚特（Wyatt）等③的研究均表明，社会的变化与发展并非仅仅由技术驱动，测量计算机、光缆以及连接度只能反映信息社会的一小部分。曼塞尔（Mansell）和温（When）④也指出，技术自身并不创造社会的转型，技术本身也是由特定社会、经济和技术环境中的人设计并应用的。

　　塞尔温⑤对政治和大众话语中的数字鸿沟进行了反思，认为现有的数字鸿沟研究的缺陷表现在如下几个方面：（1）对 ICT 理解的偏差。或者太宽，认为 ICT 与技术同质；或者太窄，把 ICT 等同于某项具体的技术。作者提出，在理论上，数字鸿沟应该与一切技术相分离。（2）在政治话语中，把 access 相当于物理接口，事实上把 access 等同于 available。作者认为，任何数字鸿沟的定义都必须从个体视角进行。（3）无视 access to 与 use of ICT 的长期复杂关系，而把二者混为一谈。作者认同布法德里（Bonfadelli）⑥的观点，认为数字鸿沟的研究应该对个体予以关注，因此信息社会背景下表述个体与 ICT 关系更准确的词是参与（engagement）而非获取（access）。

　　此外，大量学者也从其他角度对传统数字鸿沟的研究予以反思和批判，如德尔文（Devine）⑦、爱德华兹-约翰逊（Edwards-Johnson）⑧认为传统数字鸿沟研究二元化的简单理解导致了数字鸿沟易于弥合等

---

　　①　MacKay H.，"Theorising the IT/Society Relationship"，*in Information Technology and Society：A Reader*，eds. N. Heap, R. Thomas, G. Einon, R. Mason, and H. Mackay, Thousand Oaks, CA：Sage，1995，pp. 41-53.

　　②　Dutton W.，*Society on the Line：Information Politics in the Digital Age*，New York：Oxford University Press，1999.

　　③　Wyatt S.，Henwood F.，Miller N.，and Senker P.，eds.，*Technology and in/Equality：Questioning the Information Society*，New York：Routledge，2000.

　　④　Mansell R.，*Knowledge Societies：Information Technology for Sustainable Development. Report for the United Nations Commission on Science and Technology for Development*，New York：Oxford University Press，1998.

　　⑤　Selwyn N.，"Reconsidering Political and Popular Understandings of the Digital Divide"，*New Media Society*，No. 6，2004，pp. 341-362.

　　⑥　Bonfadelli H.，"The Internet and Knowledge Gaps：A Theoretical and Empirical Investigation"，*European Journal of Communication*，Vol. 17，No. 1，2002，pp. 65-84.

　　⑦　Devine K.，"Bridging the Digital Divide"，*Scientist*，No. 1，2001，p. 28.

　　⑧　Edwards-Johnson A.，"Closing the Digital Divide"，*Journal of Government Information*，Vol. 27，No. 6，2000，pp. 898-900.

简单化政治意愿；柏格尔曼（Burgelman）[①] 认为，现有数字鸿沟研究和普遍服务理念扎根于基于经济的判断，因而陷入化约主义、形式主义以至于最终变成了空想。

总之，数字鸿沟的研究与测度在质疑与反思中不断进化。为了弥补现有研究的不足，现有数字鸿沟领域的研究在对技术决定主义进行批判的基础上，逐步把研究旨趣回归到对宏观信息社会背景的整体考察及信息社会中的人自身特征的关注方面。这种回归是一个积极的信号，这意味着以数字鸿沟为代表的信息分化研究正顺应于过去二三十年来社会科学领域消除结构与主体能力性二者对立的趋势，试图以整体性理论对信息社会问题做出解释。如塞尔温[②]借用布迪厄（Boundieu）的理论提出，理解数字鸿沟最佳视角是区分不同形式的经济、文化和社会资本，从而实现理论视野的融合。然而，迄今为止，在数字鸿沟的界定与操作化问题上的严重分歧一方面在推动本领域研究在反思中不断得以进化，但另一方面也限制了本领域已有研究成果的沉淀和整合。站在整体性研究的立场上，数字鸿沟领域的研究急迫地呼唤新的理论视角，以便在统整现有研究成果的基础上产生出兼具理论解释力并能够贡献于信息社会发展的理论体系。

（三）关于数字鸿沟的实证研究

在针对数字鸿沟进行的研究中，相当部分的研究者力图析出影响数字鸿沟的因素，以便有效地测度数字鸿沟，并对数字鸿沟的成因与治理提供建议。如表6—1所示，迄今研究者已从不同角度证明数字鸿沟与各种各样的社会和个人因素有关。

---

① Burgelman J. "Regulating Access in the Information Society: The Need for Rethinking Public and Universal Service", *New Media and Society*, Vol. 2, No. 1, 2000, pp. 51-66.

② Selwyn N., "Reconsidering Political and Popular Understandings of the Digital Divide", *New Media Society*, No. 6, 2004, pp. 341-362.

表 6—1 数字鸿沟相关因素研究

与数字鸿沟相关的因素	来源
收入（income）	艾伯拉（Ebo），1998[1]
职业（occupation）	罗希（Losh），2004[2]；麦克拉伦和扎帕拉（McLaren & Zappala，2002）[3]
性别和年龄（gender and age）	迪马乔等（DiMaggio et al.，2004）[4]
教育（education）	科因费尔德和雷尼（Cornfield & Rainie，2003）[5]
地理区位的中心度（geographic centrality）	陈等（Chen et al.，2003）[6]；科因费尔德（Cornfield et al.，2003）[7]
民族和种族（ethnicity and race）	霍夫曼等（Hoffman et al.，1999；2000）[8]；诺瓦克等（Novak et al.，1997）[9]

① Ebo B. , *Cyberghetto or Cybertopia? Race, Class, and Gender on the Internet*, Westport, CT: Praeger, 1998.

② Losh S. C. , "Gender, Educational, and Occupational Digital Gaps", *Social Science Computer Review*, Vol. 22, No. 2, 2004, pp. 152-166.

③ McLaren J. , and Zappala G. , "The 'Digital Divide' among Financially Disadvantaged Families in Australia", *First Monday*, Vol. 7, No. 11, 2002, pp. 12-19.

④ DiMaggio P. , Hargittai E. , Celeste C. , and Shafer S. , "Digital Inequality: From Unequal Access to Differentiated Use", in *Social Inequality*, ed. K. Neckerman, New York: Russell Sage Foundation, 2004, pp. 355-400.

⑤ Cornfield M. , and Rainie L. , *Untuned Keyboards: Online Campaigners, Citizens, and Portals in the* 2002 *Elections*, Institute for Politics, Democracy & the Internet, Washington DC: Pew Internet & American Life Project, 2003.

⑥ Chen W. , and Wellman B. , *Charting and Bridging Digital Divides: Comparing Socio-economic, Gender, Life Stage and Rural-urban Internet Access and Use in Eight Countries*, AMD Global Consumer Advisory Board (GSAB), 2003.

⑦ Cornfield M. , and Rainie L. , *Untuned Keyboards: Online Campaigners, Citizens, and Portals in the* 2002 *Elections*, Institute for Politics, Democracy & the Internet, Washington DC: Pew Internet & American Life Project, 2003.

⑧ Hoffman D. , Novak T. , and Schlosser A. , "The Evolution of the Digital Divide: How Gaps in Internet Access May Impact Electronic Commerce", *JCMC*, Vol. 5, No. 3, 2000, pp. 3-12.

⑨ Novak T. P. , Hoffman D. L. , and Venkatesh A. , *Diversity on the Internet: The Relationship of Race to Access and Usage*, Queenstown, MD. Paper Prepared for the Aspen Institute's Forum on Diversity and the Media.

与数字鸿沟相关的因素	来源
宗教（religiosity）	贝尔等（Bell et al., 2004）[1]
语言（language）	弗郎格尔（Foulger, 2001）[2]
家庭结构（family structure）	肯尼迪等（Kennedy et al., 2003）[3]
体能（physical capacity）	勒·布莱恩（Le Blanc, 2000）[4]；赫特等（Lenhart et al., 2003）[5]
频率（frequency）	福克斯（Fox, 2004）[6]
在线时间（time online）	斯邦诺和瑞尼（Spooner & Rainie, 2001）[7]
目的（purpose）	Center for the Digital Future, 2004[8]
技能（skills）	罗滨逊等（Robinson et al., 2003）[9]
自主性（autonomy）	达斯古普塔等（Dasgupta et al., 2002）[10]

[1]　Bell, P., Reddy, P., and Rainie, L., *Rural Areas and the Internet*, Washington, DC: Pew Internet and American Life Project, 1997.

[2]　Foulger, D., "Seven Bridges over the Global Digital Divide, IAMCR & ICA Symposium on Digital Divide", Austin, TX, 2011 - 09 - 08, http: //evolutionarymedia. com/papers/digitalDivide. htm.

[3]　Kennedy T., Wellman B., and Klement K., "Gendering the Digital Divide", *IT & SocietyJ*, Vol. 1, No. 5, 2003, pp. 1-25.

[4]　Le Blanc J., and Anderson R., "Access and Accessibility", *Communications Policy and Practice*, Vol. 2, No. 26, 2000, pp. 4-9.

[5]　Lenhart A., Horrigan J., Rainie L., Allen, K., Boyce A., Madden M., and O' Grady E., *The Ever - shifting Internet Population: A New Look at Internet Access and the Digital Divide*, Washington, DC: The Pew Internet & American Life Project, 2003.

[6]　Fox S., *Older Americans and the InternetM*, Washington, DC: Pew Internet and American Life Project, 2004.

[7]　Spooner T., and Rainie L., *Hispanics and the Internet*, Washington, DC: Pew Internet and American Life Project, 2001.

[8]　Center for the Digital Future, *The Digital Future Report: Surveying the Digital Future, Year four: Ten Years, Ten Trends*, LosAngeles: USC Annenberg School, 2004.

[9]　Robinson J. P., Dimaggio P., and Hargittai E., "New Social Survey Perspectives on the Digital Divide", *IT & Society*, Vol. 1, No. 5, 2003, pp. 1-22.

[10]　Dasgupta S., Lall S., and Wheeler D., *Policy Reform, Economic Growth, and the Digital Divide. Policy Reform Working Paper of the World Bank no. WPS 2567*, Washington, DC., 2002.

与数字鸿沟相关的因素	来源
负担能力（affordability）	OECD/DSTI，2001[①]
竞争性市场的结构（competitive market structure）	杜塔和杰恩（Dutta & Jain，2004）[②]
计算机和网站的所有权和密度（ownership and density of computers and web sites）	西歇尔（Sicherl，2003）[③]
通信基础设施（communication infrastructure）	霍里根和雷尼（Horrigan & Rainie，2004）[④]；霍里根，2004a[⑤]，2004b[⑥]；卡茨（Katz et al.，2003）[⑦]；韦勒姆等（Wareham et al.，2004）[⑧]

资料来源：作者根据相关文献整理。

可以看出，在影响数字鸿沟的因素中，既有经济因素（如市场结构、负担能力、通信基础设施），又有文化与社会因素（如宗教、语言、家庭结构、地理区位等）；既有技术因素（如技能、上网频率、在线时间、网站密度），又有大量非技术因素（如自主性、体能、性别与年龄）；既有客观因素（如收入、职业、教育、民族与宗教等），又有主观因素（如目的）。纷繁复杂的因素被纳入数字鸿沟

[①] OECD/DSTI，"Understanding the Digital Divide"，OECD Papers，2011 - 11 - 02，http：//www.oecd.org/dataoecd/38/57/1888451.pdf.

[②] Dutta S.，and Jain A.，"The Networked Readiness Index，2003 - 2004：Overview and analysis framework：20M"，World Economic Forum，2004.

[③] Sicherl P.，"Different Statistical Measures Provide Different Perspectives on Digital Divide"，2003. 6th ESA Conference，2011-09-08，http：//www.sicenter.si/pub/Sicherl Digital divide Murcia.pdf.

[④] Horrigan J.，and Rainie L.，*The Broadband Difference*，Washington，DC：Pew Internet & American Life，2004.

[⑤] Horrigan J. B.，*28% of Americans Are Wireless Ready*，Washington，DC：Pew Internet & American Life press release，2004.

[⑥] Horrigan J. B.，*Broadband Penetration on the Upswing：55% of Adult Internet Users Have Broadband at Home or Work*，Washington，DC：Pew Internet Project Data Memo，2004.

[⑦] Katz J. E.，and Rice R. E.，"Comparing Internet and Mobile Phone Usage：Digital Divides of Usage，Adoption，and Dropouts"，*Telecommunications Policy*，No. 27，2003，pp. 8-9；597-623.

[⑧] Wareham J.，Levy A.，and Shi W.，"Wireless Diffusion and Mobile Computing：Implications for the Digital Divide"，*Telecommunications Policy*，No. 28，2004，pp. 5-6；439-457.

的研究之中，一方面说明了数字鸿沟成因的复杂性，另一方面也说明，本领域研究常常植根于一个并不坚实的基础之上。总之，如表6—1所示，现有研究已充分证明数字鸿沟是一个多维度的复杂问题，试图从单一角度测度或分析数字鸿沟的尝试都注定陷入片面。不幸的是，由于缺乏具有整合能力的综合性概念及操作性定义，不仅仅是数字鸿沟研究，而且整个信息分化领域的研究都常常因无法从整体上把握相关影响因素而不可避免地陷入片面甚至相互矛盾的结论之中。例如，以教育为自变量的研究就存在以下数种结论：奥耶拉瑞-奥耶因卡（Oyelaran-Oyeyinka）等[1]认为教育和收入的差异导致了数字鸿沟，而且教育质量对 ICT 扩散的影响比收入大 2 倍；而金（Chinn）等[2]则发现，教育与 PC 拥有量相关但却与 Internet 的使用无关；凯斯和波赫约拉（Kiiski and Pohjola）则发现[3]，平均受教育年限对 Internet 有显著影响。事实上，关于数字鸿沟的分歧不仅表现在实证研究结论的冲突方面，也表现在研究者对数字鸿沟是在弥合还是加宽的争论上。卡瓦斯尼（Kvasny）[4] 在文献调查的基础上发现，对于数字鸿沟的趋向已逐步分解为两种声音：关注于政策问题的研究者［如，安德森和梅尔基奥（Anderson 和 Melchior）[5]，卡茨和阿斯普登（Katz 和 Aspden）[6]，戈斯里和康特（Goslee 和 Con-

①　Oyelaran-Oyeyinka B., & Lal K., "Internet Diffusion in Sub-Saharan Africa: A Cross-country Analysis", *Telecommunications Policy*, Vol. 29, No. 7, 2005, pp. 507–527.

②　Chinn M. D., & Fairlie R. W., "The Determinants of the Global Digital divide: A Cross-country Analysis of Computer and Internet Penetration", *Oxford Economic Papers*, Vol. 59, No. 1, 2007, pp. 16–44.

③　Kiiski S., & Pohjola M., "Cross-country Diffusion of the Internet", *Information Economics and Policy*, Vol. 14, No. 2, 2002, pp. 297–310.

④　Kvasny L. M. and Keil M., "The Challenges of Redressing the Digital Divide: A Tale of Two US Cities", *Information Systems Journal*, No. 16, pp. 23–53.

⑤　Anderson T. & Melchior A., "Assessing Telecommunications Technology as a Tool for Urban Community Building", *Journal of Urban Technology*, No. 3, 1995, pp. 29–44.

⑥　Katz J. & Aspden P., "Motivations for and Barriers to Internet Usage: Results of a National Public Opinion Survey", *Internet Research: Electronic Networking Applications and Policy*, No. 7, 1997, pp. 170–188.

te）①，霍夫曼和诺瓦克（Hoffman 和 Novak）②，美国商务部③，莫斯伯格（Mossberger）等④，孔潘（Compaine）⑤等］认为数字鸿沟正在快速弥合，而且数字鸿沟只是现存社会分层的复制而已，因此无须特别干预，仅凭市场自身的力量即可实现弥合；反之，关注 ICT 扩散的社会影响的研究者［如，哈克和梅森（Hacker 和 Mason）⑥，卡瓦斯尼（Kvasny）等⑦，塞尔翁（Servon）⑧，华沙威尔（Warschauer）⑨，豪尔吉陶伊（Hargittai）⑩，范戴克和哈克（van Dijk 和 Hacker）⑪，贝希特（Becht）等⑫；诺里斯（Norris）⑬等］则认为，数字鸿沟由复杂的社会、政治、历史和文化网络形塑，因此必须在关

---

① Goslee S. & Conte C., "Losing Ground Bit by Bit: low-income Communities in the Information Age. Research Report Prepared by the Benton Foundation", 2011 - 08 - 07, http://www.benton.org/publibrary/losing-ground/home.html .

② Hoffman D. L. & Novak T. P., "Bridging the Racial Divide on the Internet", *Science*, No. 8, 1998, pp.390-391.

③ U. S. Department of Commerce, "A Nation Online: How Americans Are Expanding Their Use of the Internet. Report Prepared by the National Telecommunications and Information Administration", 2011-08-07, http://www.ntia.doc.gov/ntiahome/dn/.

④ Mossberger, K., Tolbert, C. & Stansbury, M., *Virtual Inequality: Beyond the Digital Divide*, Georgetown University Press, Washington, DC, USA, 2003.

⑤ Compaine, B., *The Digital Divide: Facing a Crisis or Creating a Myth*, MIT Press, Cambridge, MA, USA. Freire, p. 1970. *Pedagogy for the Oppressed*, Continuum International Publishing Group, New York, NY, USA, 2001.

⑥ Hacker, K. & Mason, S., "Ethical Gaps in Studies of the Digital Divide", *Ethics and Information Technology*, No. 5, 2003, pp.99-115.

⑦ Kvasny L., Sawyer S. & Purao S., *The Digital Divide and Information Systems Research: Stepping up or Stepping Away? Paper Presented at the MISRC/CRITO Digital Divide Symposium*, University of Minnesota, Minneapolis, MN, 2004.

⑧ Servon, L., *Bridging the Digital Divide: Technology, Community and Public Policy*, Blackwell Press, Malden, MA, USA, 2002.

⑨ Warschauer, M., "Reconceptualizing the Digital Divide", *First Monday*, No. 7, 2002.

⑩ Hargittai E., "Second-level Digital Divide: Differences in People's Online Skills", *First Monday*, No. 7, 2001, pp.4-8.

⑪ van Dijk J. & Hacker L., "Digital Divide as a Complex and Dynamic Phenomenon", *Information Society*, No. 19, 2003, pp.315-326.

⑫ Becht D., Taglangand K. & Wilhelm A., "The Digital Divide and the U. S. Hispanic Population", *Digital Beat*, No. 1, 1999, p. 13.

⑬ Norris P., *Digital Divide? Civic Engagement, Information Poverty and the Internet in Democratic Societies*, Cambridge University Press, New York, NY, USA, 2001.

注技能、能力的同时关注不同团体使用 ICT 的不同获益状况，不关注 ICT 扩散的社会环境，就无法"治愈"数字鸿沟。福克斯（Fuchs）[①] 站在信息资本主义的立场上，认为全球的数字鸿沟将通过以下六种途径得以解决：（1）市场和技术的发展将使获取（access）更廉价，从而使数字鸿沟不治而愈；（2）由于后发优势，第三世界国家通过跨越式发展而直接进入信息社会；（3）技术化约主义观点，即认为通过向第三世界国家提供开源软件或低价技术即可弥平数字鸿沟；（4）市场原教旨主义，认为市场驱动和利益导向是解决数字鸿沟问题的根本方案；（5）二元论观点，认为技术与社会是完全分离的，技术完全不重要；（6）辩证整合主义，这是一种复杂的数字鸿沟解决方案，是对上述五种观点的整合。

综上所述，从基本概念的界定、关键概念的操作化到实证研究，数字鸿沟研究领域弥漫着分歧与对立。本书认为，这种状况的出现是由理论视角的二元对立所导致的：当站在结构决定主义立场上把社会结构因素归结为数字鸿沟的决定因素时，事实上已经忽视了在个体能动性与社会结构之间的互动之于数字鸿沟的重要作用，这从另一个侧面说明了信息分化研究中多维理论视角的重要性。于良芝指出，信息社会问题领域的研究者常常陷于结构与能动性二元对立之中，而结构与能动性的互动已成为信息分化理论的盲点。"现有信息分化研究要么只解释结构的决定作用，要么只解释主体的建构作用，要么在假定各类因素相对独立或平行的前提下分别解释它们的作用力。理论鸿沟的存在限制了两边的视野，也削弱了双方的解释力。"[②] 显然，数字鸿沟研究要产生有解释力和包容性的理论认识，首先必须弥平这一领域理论视野的鸿沟，有鉴于此，数字鸿沟以至整个信息分化的研究都亟待新的理论视角的出现。

[①] Fuchs C. and Horak E., "Informational Capitalism and the Digital Divide in Africa", *Masaryk University of Law and Technology*, Vol. 1, No. 2, 2007, pp. 11-32.

[②] 于良芝、刘亚：《结构与主体能动性：信息分化研究的理论分野及整体性研究的必要》，《中国图书馆学报》2010 年第 1 期，第 4—19 页。

四　数字不平等研究进展

着眼于克服数字鸿沟研究越来越明显的局限性，大量学者进而通过对现有数字鸿沟的扬弃而转向数字不平等研究。闫慧[①]通过文献调查发现，虽然不同学者对数字不平等内涵的解释都是从自己的专业背景出发，存在着各种差异，但同时也能找到一些共同点，如数字不平等是对数字鸿沟两分法的大幅度修正和细化，是对数字鸿沟简单分析方法的扬弃；强调数字化差异背后的社会、政治、经济等不平等，以及 ICT 主体多样化和 ICT 社会化的多个维度。与数字鸿沟研究相比，数字不平等研究的一个重要突破是以更加丰富的维度对信息分化加以理解。

从本质上说，数字不平等与数字鸿沟的研究是一脉相承的，二者在看待信息社会问题的理论视角上并无本质差异。如前文所述，数字不平等保留了数字鸿沟研究看待信息社会问题一如既往的理论视角——认为 ICT 的获取（access）与使用是导致信息分化的根源；而前者与后者有所区别的，是不再以 ICT 的"有"和"无"作为判断信息分化的根本标准，而强调把更多的技术相关因素纳入信息分化考察的范围。如，谢（Hsieh）把数字不平等定义为"技术获取之后持续使用的相关行为"[②]，并把"计划行为理论"（theory of planned behavior）作为解释数字不平等的基本理论模型。哈吉台（Hargittai）等把数字不平等视为一种与知识沟密切相关的现象，认为技能是造成数字不平等最关键的因素。[③]

无疑，与数字鸿沟的研究相比，数字不平等更加贴近信息社会的现实，其理论成果具有更强的解释能力。但由于沿袭了与数字鸿

---

① 闫慧：《数字鸿沟研究的未来：境外数字不平等研究进展》，《中国图书馆学报》2011年第 4 期，第 87—93 页。

② Hsieh P. A., Rai A. et al., "Understanding Digital Inequality: Comparing Continued Use Behavioral Models of the Socio-economically Advantaged and Disadvantaged", *MIS Quarterly*, Vol. 32, No. 1, 2008, pp. 97-126.

③ Hargittai E. and Hinnant A., "Digital Inequality: Differences in Young Adults Use of the Internet", *Communication Research*, Vol. 35, No. 5, 2008, pp. 602-621.

沟相同的理论视角，数字不平等研究远未摆脱技术决定主义的桎梏，所改进的，只是把认识信息分化的层次从技术的"有"和"无"扩展到了技术的其他方面而已。

五　知识沟研究进展

基于对大众传媒的研究，菲利浦·提契纳（Phillip Tichenor）、乔治·多诺霍（George Donohue）和克拉丽斯·奥利恩（Clarice Olien）于1970年提出了知识沟假设。假设的基本内容是："随着大众媒体信息不断'侵入'社会系统，社会经济地位高者比社会地位低者更快地获取这些信息，以至于两者之间的知识沟趋于加宽而非弥合。"①

在美国，对"知识沟"的研究分为两个阶段。1970—1975年为第一阶段，这一阶段提契纳等基于实证研究提出了最初的理论假设：随着媒介传播信息量的增长，社会各阶层的知识沟将会越来越大；在均等接受媒介信息的前提下，有较高教育水准的人与较低教育水准的人之间的知识沟会增大。1975年后，知识沟假说不断得到修正，得出了与早期知识沟假设不一致甚至相反的结论。

于良芝等②在对知识沟领域的研究进行回顾的基础上，把本领域的研究归为三类：第一类研究以提契纳等的研究为代表，其主要旨趣是延续和发展他们的早期研究，一方面继续验证"不同阶层以不同的速度获取知识，从而导致他们的知识沟不断增大"的结论；另一方面对某些中间变量进行考察，以确定哪些因素可能干预知识沟的产生及其变化。第二类研究以艾特玛（Ettema）等的研究为代表，认为"在获取大众媒介传播的知识时，动机不同的人群的知识沟会

---

① Tichenor Phillip J., George A. Donohue and Clarice N. Olien, "Mass Media Flow and Differential Growth in Knowledge", *Public Opinion Quarterly*, No. 34, 1970, pp. 159-170.

② 于良芝、刘亚:《结构与主体能动性：信息分化研究的理论分野及整体性研究的必要》,《中国图书馆学报》2010年第1期，第4—19页。

拉大，而动机相同的人群的知识沟则不会拉大"①。第三类研究以戈塞诺（Gaziano）等为代表，呼吁关注文化因素对知识沟的影响。

邦凡蒂（Bonfadelli）② 对基于知识沟假说而展开的大量实证研究进行综合分析后发现，下述五个因素被证明与知识沟密切相关：（1）交流技巧。格拉贝（Grabe）③ 发现，与低教育水平者相比，高教育水平者的综合交流能力和对具体媒体信息进行解读的能力更强。（2）已有知识。普赖斯（Price）和佐拉（Zaller）④ 发现，高教育水平者对公共事务议题具有更加广博的知识储备。格拉贝尔（Graber）⑤ 进而证明，这种潜在的认知框架增强了高教育水平者对新信息的识别和获取。（3）相关社会接触。维斯瓦纳坦（Viswanath）等⑥发现，受过更好教育的人不仅与社会的整体融合度高，并且能够有效地从社会网络获取人际信息资源。（4）对信息的接收、使用和存储。研究发现，教育水平与主动搜寻信息的行为有着很强的相关性。（5）媒体系统的结构。麦克劳德和伊丽莎白（McLeod 和 Elisabeth）⑦ 发现，高教育水平者更多地使用印刷媒体等"信息富集媒体"（information-rich media），而低教育水平者则主要依赖于电视等信息源。此外，黑恩勒泰因（Hernstein）⑧ 对 58 项关于知识沟假说的研究以及 39 项针对改进知识沟研究方法的研究成果进行分析后发

---

① Ettema J. S., Brown J. W., Luepker R. V., "Knowledge Gap Effects in a Health Information Campaign", *The Public Opinion Quarterly*, Vol. 47, No. 4, 1983, pp. 516-527.

② Bonfadelli H., "The Internet and Knowledge Gaps: A Theoretical and Empirical Investigation", *European Journal of Communication*, Vol. 17, No. 1, 2002, pp. 65-84.

③ Grabe M. E., "Cognitive Access to Negatively Arousing News. An Experimental Investigation of the Knowledge Gap", *Communication Research*, Vol. 27, No. 1, 2000, pp. 3-26.

④ Price V. and John Z., "Who Gets the News? Alternative Measures of News Reception and their Implications for Research", *Public Opinion Quarterly*, No. 57, 1993, pp. 133-164.

⑤ Graber D., *Processing Politics: Learning from Television in the Internet Age*, Chicago, IL and London: University Press of Chicago, 2001.

⑥ Viswanath K., Gerald M., Eric S., "Fredin and Eunkyung Park, Local Community Ties, Community-Boundedness, and Local Public Affairs Knowledge Gaps", *Communication Research*, Vol. 27, No. 1, 2000, pp. 27-50.

⑦ McLeod D. and Elisabeth M., "Direct and Indirect Effects of Socioeconomic Status on Public Affairs Knowledge", *Journalism Quarterly*, Vol. 71, No. 2, 1994, pp. 433-442.

⑧ Hernstein M., "Forecast 2000: Widening Knowledge Gaps. Journalism and Mass", *Communication Quarterly*, Vol. 74, No. 2, 1997, pp. 237-264.

现，在 20 世纪的最后 20 年间，知识不平等不仅持续存在，而且严重地影响了社会经济地位快速变化中的弱势群体。邦凡蒂[1]就 Internet 不断普及背景下的知识沟进行研究后发现，高教育水平者对 Internet 的接入率更高，且这种接入差距不因时间而变小；高教育水平者常常以获取信息服务为目的而使用 Internet，而低教育水平者则常常以娱乐为主要目的使用 Internet；大部分高教育水平者对网络的态度更加积极，认为自己使用网络的技能充满自信，而且热衷于保持对新技术的关注，低教育水平者则多认为自的技能属于"入门级"，对网络的使用常常无特定目标，较情绪化。

我国研究者对知识沟、知识贫困等问题的关注始于 20 世纪 90 年代初期。此方面的主要研究成果有：

单纯[2]对"知识沟"假设及美国学者和德国学者的主要观点进行了较为系统的介绍。从本书所检索到的文献看，知识沟理论在我国并没有引起研究者太多的关注，本领域的研究成果非常有限且研究者相对单一。

韦路等[3]将网络知识（Internet knowledge）的概念与网络经历（Internet experience）、自我效能感（Internet self-efficacy）进行了区分，并对我国 279 名在校大学生进行了问卷调查。发现将网络知识整合进技术接受模型（Technology Acceptance Model）之中时，该变量通过影响大学生的网络使用意向，进而对其通过网络而获取知识的行为产生影响。作者认为，这一发现为实现将技术接受模型与知识沟和数字鸿沟研究相互衔接的努力提供了理论契机。

熊才平[4]试图把知识沟理论作为缩小我国中小学教育信息化区域性差异的理论依据，并认为公民个体信息素养的差异直接导致知识

① Bonfadelli H., "The Internet and Knowledge Gaps: A Theoretical and Empirical Investigation", *European Journal of Communication*, Vol. 17, No. 1, 2002, pp. 65-84.

② 单纯：《"知识沟"理论的演变及其社会意义》，《社会科学》1993 年第 8 期，第 70—73 页。

③ 韦路、张明新：《网络知识对网络使用意向的影响：以大学生为例》，《新闻与传播研究》2008 年第 1 期，第 71—80 页。

④ 熊才平：《"知识沟"理论发展新动向及其演变链系统模型——探寻缩小中小学教育信息化区域性差异的理论依据》，《电化教育研究》2004 年第 6 期，第 9 页。

沟的扩大化。但这一研究仅仅停留在理性思考的阶段，尚未获得实证的支持与验证。

付少平①对农业技术传播中的知识沟现象进行分析后发现，在农业技术推广中也存在着"知识沟"现象，文化程度高、收入水平高、对农业技术有需要和兴趣的农民通过大部分传播渠道获知、学习、咨询农业技术的人数比例都远远高于文化程度低、收入水平低和对农业技术没有需要与兴趣的农民。"知识沟"不仅存在于大众传播之中，也存在于组织传播、人际传播过程之中。农民文化程度的不同决定了农民对传播媒介的接受能力不同。收入高的农民对技术传播资源的获取较为充分，而收入低的农民主要是从本社区内部和社区组织获取信息与技术资源，对社区内部和组织传播资源的依赖性较强，而对社区外部传播资源的获取不足。农民对农业技术的需要与兴趣对农民是否能够积极关注信息，主动学习技术有重要的影响。

除上述研究外，韦路等②③④对美国全国性调查数据进行了分析，发现不同社会经济地位者之间的"使用沟"（即"第二道数字鸿沟"，指对 Internet 在"技能和使用上的差异"⑤）在因特网上比在传统媒介上更为明显。更重要的是，因特网上较大的使用沟也导致了更为显著的知识沟，使得数字鸿沟不仅在强度上，更在后果上有甚于传统媒介的使用差异。作者认为，这些发现不仅将经典的知识沟假设从知识获取沟延伸到知识生产沟，而且有助于在理论上加深对知识沟现象及其成因的理解。

———————————

①　付少平：《农业技术传播中的知识沟现象分析》，《科学学与科学技术管理》2002 年第 12 期，第 13—16 页。

②　韦路、张明新：《第三道数字鸿沟：互联网上的知识沟》，《新闻与传播研究》2006 年第 4 期，第 43—53 页。

③　韦路：《从知识获取沟到知识生产沟——美国博客空间中的知识霸权》，《开放时代》2009 年第 8 期，第 139—153 页。

④　韦路、李贞芳：《新旧媒体知识沟效果之比较研究》，《浙江大学学报》（人文社会科学版）2009 年第 2 期，第 140—149 页。

⑤　韦路、张明新：《第三道数字鸿沟：互联网上的知识沟》，《新闻与传播研究》2006 年第 4 期，第 43—53 页。

六　信息时代的公民特质

王（Wong）等①从社会学的角度对信息社会背景下的公民权（citizenship）进行了分析。王认为，在 ICT 深刻影响社会发展的前提下，公民必须具有一种新的权利——e 公民权。这种公民权确保公民能够参与由 ICT 驱动的信息社会。信息社会的公民尤其要能够从 Internet 上获取数量惊人、增长迅速的信息，能够运用网络空间与他人交流，能够通过正确的渠道向政府和商业经营者表达自己的意见。国家在公民有效行使 e 公民权的过程中承担着重要的责任，IT 素养是整个文化知识素养的一部分，使公民具备应用信息技术的能力应该在政府工作的日程中得到优先安排。杨（Young）② 在对儿童使用 Internet 的行为进行了实证研究后发现，Internet 已进化为一种重要的认知工具，据此，可划分出三种特质的公民：参与型公民（participant citizen）、工具导向型公民（tool-mediated citizen）和自适应型公民（adaptive citizen）。对参与型公民而言，Internet 在向其反映本社区以及更大范围社会事务的同时，使其具备参与社区或社会事务的能力，基于 Internet 而实现文化意识的形成与社会知识的传播都是此类特质的表现。工具导向型公民特质表现在公民对信息获取工具的选择特征和技术应用的熟练程度方面，这种特质是由 Internet 的设计和结构决定的。自适应型公民特质揭示了公民如何融入到网络环境中，例如，在网络环境下公民如何聚焦于自己的目标并不断进行自我调节。杨提出，在网络环境下，每个人身上都同时并存着三种公民特质，而当代公民特质正是人类和 ICT 工具互动的结果，技术与人类长期相互作用的最终结果是对社会结构产生影响。

信息社会背景下，任何社会问题最终都将在公民身上得到体现。

---

① Wong Y. C. L., Chi K. Fung J. and Lee V., "Digital Divide and Social Inclusion: Policy Challenge for Social Development in Hong Kong and South Korea", *Journal of Asian Public Policy*, Vol. 3, No. 1, 2010, pp. 37-52.

② Young K., "Toward a Model for the Study of Children's Informal Internet Use", *Computers in Human Behavior*, No. 24, 2008, pp. 173-184.

因此，对信息社会公民的特质进行解析是全面理解信息分化的一个基石。从这个意义上说，关于信息社会公民特质的研究对于把握信息分化的实质有着重要的启示意义。

七　信息时代的社会结构

不同学者对转型中的当代社会给予了不同的名称，如，琼斯（Jones）[1][2] 称之为赛博社会（cybersociety），巴克尔伊娃（Bakardjieva）[3] 称之为 Internet 社会，斯蒂尔（Stehr）[4] 称之为知识社会，布赫尔（Bühl）[5] 称之为虚拟社会，贝尔（Bell）[6] 称之为后工业社会，马苏达（Masuda）[7] 称之为信息社会，利奥塔尔（Lyotard）[8] 称之为后现代社会，利皮耶茨（Lipietz）[9] 称之为后福特主义（Post-Fordism）社会，巴尼（Barney）[10]、卡斯特尔斯（Castells）[11][12][13][14]、沙维罗（Sha-

---

[1]　Jones Steven（Ed.）, *Cyber Society*, London, SAGE, 1995.

[2]　Jones Steven（Ed.）, *Cyber Society* 2.0: *Revisiting Computer-Mediated Community and Technology*, London, SAGE, 1998.

[3]　Bakardjieva M., *Internet Society*: *The Internet in Everyday Life*, London, SAGE, 2005.

[4]　Stehr N., *Knowledge Societies*: *The Transformation of Labour*, *Property and Knowledge in Contemporary Society*, London, SAGE, 1994.

[5]　Bühl A., *Die virtuelle Gesellschaft*, Opladen, Westdeutscher Verlag, 1997.

[6]　Bell D., *The Coming of Post-industrial Society*, New York, Basic Books, 1973.

[7]　Masuda Y., *The Information Society as Post Industrial Society*, Tokyo, Institute for the Information Society, 1980.

[8]　Lyotard J., *The Postmodern Condition*, Minneapolis, University of Minnesota Press, 1984.

[9]　Lipietz A., *Mirages and Miracles*: *The Crisis of Global Fordism*, London, Verso, 1987.

[10]　Barney D., *The Network Society*, Cambridge, Polity, 2003.

[11]　Castells M., "The Rise of the Network Society", *The Information Age*: *Economy*, *Society and Culture*, Malden, Blackwell, Second Edition, 2000.

[12]　Castells M., "End of Millennium", *The Information Age*: *Economy*, *Society and Culture*, Malden, Blackwell, Second Edition, 2000.

[13]　Castells M., *The Internet Galaxy*, *Reflections on the Internet*, *Business*, *and Society*, Oxford University Press, 2001.

[14]　Castells M., "The Power of Identity", *The Information Age*: *Economy*, *Society and Culture*, Malden, Blackwell, Second Edition, Vol. 2, 2004.

viro)①、范戴克（van Dijk)② 等称之为网络社会。

虽然名称各异，上述学者都对当代社会的结构进行了解析。范·戴克基于马克思主义对阶级的定义，提出了网络社会的三层阶级结构：（1）信息精英，由高教育和收入水平、占据最好的工作职位和社会地位、100%接入 ICT 的人群构成。（2）参与者，由中产阶级和工人阶级组成，这些人的确能够获取计算机和 Internet，但与信息精英相比具有较低的数字技能，所使用的 ICT 设备种类也较少。（3）被排斥者，这个阶层无法获取计算机和 Internet，因此被排斥于很多社会领域之外。范·戴克认为，网络社会阶级分化过程中的"马太效应"越来越明显：在网络社会中，结构不平等使信息、知识和权利集中化的趋势加速，社会区隔进一步加强，"逐渐地，越来越多的人将从特定的社会领域被完全排斥出去，结果是形成一等、二等、三等阶级"，被排斥者在劳务市场及教育的机会越来越少，结果这些人参与政治和社会事务的机会也就更少了。范·戴克及卡斯特尔斯等网络社会学者认为，极化和结构不平等是网络社会的基本特征。福克斯通过对统计数据进行分析后发现，发展中国家信息精英、参与者与被排斥者之间的差距大于发达国家。③ 他认为，在网络资本主义社会里，皮埃尔·布迪厄（Pierre Bourdieu）所述的经济、社会和文化资本的积累是由基于知识和计算机的信息通信技术塑造的，范·戴克所界定的被排斥者由于经济、社会和文化资本的贫乏甚至被剥夺，因而无法从网络社会中获益，阶级差别因之加大。

关于信息时代社会结构的很多讨论都是以信息资本主义的名义进行的。信息资本主义是由卡斯特尔斯于 2000 年提出的一个概念。福克斯④指出，信息资本主义充斥着商品经济与礼品经济（gift econ-

---

① Shaviro S.，*Connected: Or What It Means to Live in the Network Society?* Minneapolis/London，University of Minnesota Press，2003.

② van Dijk J.，*The Network Society*，London，SAGE，Second Edition，2006.

③ Fuchs C. and Horak E.，"Africa and the Digital Divide"，*Telematics and Informatics*，Vol. 25，No. 2，2008，pp. 99–116.

④ Fuchs C.，"National Space and the 'Network Society'"，in：*Contribution to the Conference "Internet Research 7. 0: Internet Convergences"*，*Organized by the Association of Internet Researchers*（AoIR），Brisbane，September，2006，pp. 27–30.

omy）的交织与对抗，是一个层次化的阶级社会。通过实证研究，福克斯[1]发现，高收入、良好教育背景和高技能者更有可能获取、使用ICT并从中获益，这些人在参与政治活动的过程中比缺乏经济、政治和文化资本者获得更多ICT的支撑。因此，在信息资本主义条件下，人们在计算机等ICT资源的获取、使用和获益能力方面的不平等，通过社会分层的过程造就了信息社会胜利者与失败者之间的阶级差别。福克斯[2]进而对各种社会分层的模式进行了分析后指出，一方面社会按年龄、家庭地位、性别、种族、出身、语言和地域（城乡）划分为一定的层级结构，这些层级结构造成了各种形式的社会鸿沟；另一方面，对ICT的物理获取、使用和参与能力的不平等也可归因于经济（如金钱、财产）、政治（如权势、社会关系）、文化（如技能）资本的非对称配置，由此也造成了经济鸿沟、政治鸿沟和文化鸿沟。……现代社会的结构就是由不同资本的积累和不对称配置而造成的。

豪尔吉陶伊[3]认为数字不平等是一种社会复制。他指出，人们对网络的使用能力和实际使用状况的不平衡导致社会不平等更趋恶化而非缓和。对数字媒介使用的分化使那些已经在社会中占据优势地位的人群获得更多潜在的利益，从而进一步巩固和提升了他们的地位，而弱势群体却被拒之于优质资源获取的大门之外。由于人们对数字媒体的使用情况与其生活的社会环境之间密不可分的关系，因此，数字不平等是现有社会经济地位不平等在信息时代复制的结果。然而，豪尔吉陶伊也注意到，由于本领域研究尚处于"婴儿期"，缺乏纵向数据，对于ICT的使用对人们的"生活输出"（life outcomes）是否具有独立影响尚不得而知，因此，豪尔吉陶伊本人对于数字不平等社会复制的论述也心存疑虑。事实上，信息时代的社会不平等

---

[1]　Fuchs C. and Horak E.，"Informational Capitalism and the Digital Divide in Africa"，*Masaryk University of Law and Technology*，Vol. 1，No. 2，2007，pp. 11–32.

[2]　Fuchs C.，"The Role of Income Inequality in a Multivariate Cross-national Analysis of the Digital Divide"，*Social Science Computer Review*，Vol. 27，No. 1，2009，pp. 41–58.

[3]　Hargittai E.，"The Digital Reproduction of Inequality"，in Grusky D. B.，*Social Stratification: Class, Race, and Gender in Sociological Perspective*，Philadelphia：Westview Press，2008，pp. 936–944.

究竟是对现有社会结构的复制，抑或 ICT 独立地"制造"了信息时代的社会结构？对于这个问题的回答反映了理论视角的根本分歧，而就本领域研究的现状来看，对这个问题做出令人满意的回答还为时尚早。

在信息社会问题的研究社区中，不同学科背景的研究者对信息分化与中国社会的结构之间的关系问题也予以了关注。陈鹏[1]从社会结构的视角探讨了中国农村数字鸿沟问题。作者通过个案比较方法探讨了传统村庄（Y 村）和工业化村庄（H 村）的村民在占有和使用 ICTs 产品的实践过程中所形成的数字鸿沟问题，并针对数字鸿沟在不同社会结构条件下所表现出的实践形态及其社会文化意义进行了解析。基于上述研究，作者提出 Y 村和 H 村所呈现出的中国农村数字鸿沟问题实质上反映了当代中国社会结构的一个基本特征，即社会结构的断裂。

卡特（Cartier）、卡斯特尔斯和邱林川[2]对中国城市化进程中的"跨域社会网络"（translocal social network）所导致的信息不平等和社会分层进行了研究。在此基础上，邱林川[3]提出，中下阶层是中国社会的主体，这一阶层包括普通百姓及各种弱势、被边缘化或遭系统打压的群体。这一人群的社会经济地位较差，文化教育水平也较低，且常在政治权力关系中处于从属状态。但是，随着互联网和手机的普及，这一阶层的成员已加入到了中国的信息社会之中，从而形成"信息中下阶层"（information-have less），并认为信息中下阶层的大规模存在已经成为了十年来中国信息城市建设中最为亮丽的一道新景观。作者提出，西方的理论与中国的现实虽然可以互为注解、相辅相成，但是，这仅仅是研究的步骤之一，而不是终点。重要的是要在考察中国实践的基础上，对理念所阐释的概念和假设进行比

---

① 陈鹏：《ICTs 产品的应用与中国农村的数字鸿沟——基于 Y 村和 H 村的个案比较研究》，《中国农业大学学报》2010 年第 4 期，第 79—84 页。

② Cartier C., Castells M., et al., "The Information Have-Less: Inequality, Mobility, Translocal Networks in Chinese Cities", *Studies in Comparative International Development*, Vol. 40, No. 2, 2005, pp. 9-34.

③ Qiu J. L., *Working-class Network Society: Communication Technology, the Information Have-less in Urban China*, Cambridge: MIT Press, 2009.

较、提炼和整合，只有这样才有望构建起相对完整的，能够适用于中国信息社会现状的理论体系。

虽然信息分化领域的研究业已取得了大量成果，但也存在着许多不足：在理论立场的选择上，信息社会问题领域的研究者常常自觉不自觉地站在结构主义的一边，技术决定主义的倾向在本领域的研究中仍居于主导地位；从研究方法上看，本领域的相当一部分研究还处于陈述自我观点的阶段，对于信息社会问题的实证研究明显不足；从研究者社区的学科特征看，一方面本领域吸引了来自社会学、经济学、传播学、教育学、图书馆与情报学等诸多学科研究者的参与，另一方面不同学科之间在研究这一问题上缺乏整合和交流，学科区隔现象比较明显。社会信息化程度的提高无疑为深化本领域研究提出了紧迫的要求，在此背景下，无论是出于理论发展还是实践行动的目的，都迫切呼唤新的、解释力更强的信息分化理论的出现。

八　走向转型的公共图书馆

在信息社会背景下，公共图书馆作为促进信息公平的制度安排，其社会定位发生了深刻变化。日益明显的信息贫富分化现象使公共图书馆的社会角色面临着深刻变迁，具体表现在如下五个方面。

（一）基本职能的转型

随着社会信息化程度的加深，图书馆职业的服务活动逐渐从台前走向幕后。与传统图书馆提供大量实体的信息资源（如书籍）有明显区别的是，在信息社会中，虚拟化、隐性化的服务成为图书馆服务活动的重要形式。具体而言，植根于信息社会的公共图书馆逐步发展成为教育活动的支撑者、学习行为的干预者和信息贫困的治理者。

作为教育活动的支撑者，公共图书馆从内容上拥有的大量经过整序的知识信息资源，是作为教育内容的社会文化的重要载体；从形式上公共图书馆体系作为一种制度安排，与学校系统之间相辅相成，具备完成文化传承的条件和能力。可见，公共图书馆体系化服务是对教育本质的顺应。而在 MOOC 等新型教育形式的兴起与普及的背景下，公共图书馆参与社会教育活动不仅具备可能，更成为了必要的制度安排。此外，作为教育活动支撑者的公共图书馆也是实现公民文化内化的重要渠道和走向开放教育的基本途径。

作为学习行为的干预者，图书馆职业基于用户特征而展开的信息资源组织，不仅有助于克服自身面临的"藏"与"用"的矛盾，更是实现用户中心服务理念的基石。从行为主义学习理论的视角看，信息资源的序化和组织为用户学习行为的发生提供了诱因动机，有利于用户知识泛化的发生。从认知学派的视角看，学习行为与知识的组织有着密不可分的联系，图书馆职业对信息资源的组织具有促进知识的迁移与同化，完善用户认知结构等潜在能力。而这种潜在功能显性化的前提，恰恰是图书馆职业切实践行用户中心的理念。从某种意义上说，走向用户中心，实现对用户信息行为（特别是认知）的干预，是图书馆职业在信息社会赖以存在和发展的生命线。

作为信息贫困的治理者，公共图书馆体系作为一项保障公民基本信息权利的制度安排，不仅需要从物理环境上覆盖有信息需求的所有用户，也需要秉持既有的职业精神，在完善信息资源体系的基础上，积极主动地参与信息社会问题的解决，促进信息公平。为此，图书馆职业需要"细分"用户群体，深入探查与把握信息贫富状况不同人群的信息行为规律与特征。只有如此，才能提高图书馆职业对于信息社会背景下各层次人群信息分化的干预能力与调节水平，这不仅是图书馆职业社会价值的体现，也恰恰是图书馆与情报学的学术使命所在。

（二）服务理念的转型

研究表明，图书馆用户的个人信息世界在多个维度上明显优于一般人群。尽管尚无研究对图书馆存在与其用户个人信息世界的优化进行因果检验，但基于图书馆职业的本质属性和本领域相关研究可以认为，公共图书馆的存在与到馆访问者个人信息世界的丰富化之间存在着显而易见的良性互动:一方面,公共图书馆的存在,使其用户获得了更便捷、高效的信息源,从而实现了个人信息世界的丰富化,最终在信息分化中处于有利的一端;另一方面,对于个人信息世界原本就丰富,在信息分化中已处于相对优势的居民而言,公共图书馆的存在则进一步扩大了这种优势,从而使其更加"信息富裕"。基于这一良性互动,最终图书馆用户的信息富裕程度在整个社会人群中处于"信息偏富"的位置。①

另外,在图书馆用户中,存在着信息贫富状况明显不同的层次结构,为此,图书馆职业在提供信息服务时,须转换理念,基于用户细分原则,为处于信息贫富分化不同层次的用户提供不同的服务,只有如此,才能实现图书馆职业的价值最大化。

同时,公共图书馆在很多方面对于人们的信息贫富状况具有间接影响,而这些间接影响的直接化乃至扩大化的前提之一,是图书馆通过对人们的认知行为产生影响,进而促进信息富裕化。由此产生的启示是,图书馆职业不应当仅仅止步于信息资源的整序和提供,还应把自己的职业行为努力扩展到深度参与用户的认知活动(如,学习、教育活动)之中。只有如此,才能提高图书馆职业对于信息社会背景下各层次人群信息分化的干预能力。

(三) 机构体制的转型

研究表明,通过多部门共同参与、联动推动社会信息服务,既是治理信息贫困的需要,也是图书馆职业彰显自身职业价值的基本途径。研究者以社会阅读推广活动为例,对图书馆与其他部门协作的信息服务活动的影响进行研究后发现:首先,信息富裕者更有可能去主动收集关于读书节等社会大型公益性信息服务活动,从而使这一人群中能够更有效地从公益性信息服务活动中受益。而且信息富裕人群与诸如读书节等公共性社会信息服务活动之间更容易形成良性的互动,从而促进其个人信息世界的丰富化。其次,从居民的

---

① 周文杰:《公益性信息服务能够促进信息公平吗? ——公共图书馆对信息贫富分化的干预效果考察》,《中国图书馆学报》2015 年第 41 卷第 2 期,第 40—55 页。

阅读意愿与满意度等具体信息行为来看，信息贫困的发生一方面表现为一种"信息获取意愿的贫困"，从另一方面则表现为个体对信息获取缺乏（积极的或消极的）体验。此外，通过图书馆与社会性公益信息服务的关联分析发现，对现有社会公共信息资源和服务利用不足是导致信息贫困的重要原因之一。可见，信息化社会呼唤多部门共同参与的社会化信息服务。图书馆职业只有积极寻求与其他社会部门共同协作，方能实现预期服务目标，使自己的服务效益最大化。

（四）业务流程的转型

在信息社会中，图书馆作为一种通过提供信息服务，消弭社会信息不公的制度安排而赢得了其存在的合理性。然而，这不意味着图书馆职业是信息贫困治理的唯一机构。恰恰相反，图书馆职业只是信息社会中提供信息服务的诸多机构之中的一个。为此，图书馆职业唯有积极顺应业务流程标准化的趋势，主动对接其他社会信息服务机构，才能赢得自身发展的空间。

图书馆业务流程的标准化具有坚实的理论基础。第一，波普尔、布鲁克斯等所阐释的"客观知识世界"为分析和设计图书馆业务标准化流程提供了可能性。第二，从图书馆学五定律的视角看，图书馆业务流程走向标准化有着显而易见的必要性。第三，"社会认识论"表明，在信息社会，图书馆业务唯有走向标准化，才是对数字化时代的"机灵"地顺应。总之，从理论视角来审视，构建图书馆标准体系兼具可能性、必要性和现实性。在"数字图书馆"甚嚣尘上的今天，图书馆的标准化趋向更显得紧迫。有研究者指出，数位化资讯传送和收受的各种软硬件设计规格统一，数位化资讯传送、检索和使用格式标准统一，数位化资讯编目分类品质管理统一集中，数位化资讯编目分类应采用统一标准等九个方面是"虚拟图书馆"的生存条件和必经之路。正是由于上述原因，最近数十年来，图书馆职业开展了大量标准化工作，形成了诸如 ISO 系列标准、IFLA 系列标准及其他有价值的图书馆业务流程标准化实践模式。

（五）绩效评估的转型

卓越绩效评估是一套适用于对社会部门绩效进行全面评估的指标体系。从卓越绩效评估的角度看，公共图书馆卓越绩效评估由"两个三角"及"七大模块"构成。

首先，领导、战略、顾客与服务对象构成了"驱动三角"。就图书馆管理而言，领导和战略同样是图书馆创新与转型发展的关键驱动要素。远见卓识的图书馆领导，对于整个图书馆组织建立应对未来行业发展和生存环境变化的战略优势从而取得长期成功起着"导航"作用。图书馆领导不仅要有远大的战略目标，对图书馆未来发展有清晰具体的分析研判，形成图书馆事业发展的纲领和规划，还要影响馆员去努力实现图书馆组织的目标，在组织中建立起一种氛围、一种促使人们为了实现组织目标而全力以赴的文化氛围，图书馆馆长需要把个人目标与公共事业密切结合起来，把政府要求与公众需求完美融合起来，分析用户和市场特点，制定事业发展战略，并通过组织文化的建设，培养组织价值观念的向心性，设法使每一位馆员将这种事业目标和价值观念自觉地根植于、体现在自己的工作中和行动上。由此可见，图书馆领导不仅对于图书馆战略发展、对图书馆读者和相关方的关注发挥出重要作用，而且在图书馆的组织文化、价值观、授权、绩效目标、员工激励、业务流程、创新学习等方面都起到了十分重要的作用。应该说，公共图书馆卓越绩效管理模式的构建，领导作用的发挥乃是首个要件。

其次，资源、过程和结果构成了"从动三角"。图书馆的资源是一个庞大的体系，包括人力资源、财务资源、信息和知识资源、技术资源、基础设施以及相关方关系等，其中人力资源和信息资源在图书馆资源中占有的分量最重，是核心资源。图书馆的过程管理则应该围绕读者服务这一核心宗旨来优化设计价值创造过程和支持过程，包括为读者创造价值的关键产品、信息服务、阅读活动以及支持这些价值创造过程的诸多业务流程，并为这些过程的管理、改进和持续创新提供人、财、物的资源保障。同时，图书馆自身拥有的技术、信息和相关方关系等也是过程管理从需求识别、过程设计到管理控制、改进创新必须关注的要素。图书馆的结果主要是指各项公共服务的绩效输出,不仅包括借阅量、访问人次、活动数量等以产品和服务为中心的绩效结果,而且还包括读者满意度、忠诚度、抱怨评价等以顾客为中心的绩效结果,而后者往往是以往公共图书馆较少关注的方面。好的结果不一定源自好的过程,但好的过程必然导致好的结果,所以,过程与结果是密不可分的,这就需要图书馆组织将对服务结果的重视延伸到对于业务过程的优化和改进上来。

主要参考文献

［1］布琳达·葛利、陈丽：《信息技术应用与数字鸿沟》，《中国远程教育》2004 年第 21 期。

［2］陈建龙、胡磊、潘晓丽：《国内外数字鸿沟测度基本指标计算方法比较研究》，《情报杂志》2009 年第 9 期。

［3］陈鹏：《ICTs 产品的应用与中国农村的数字鸿沟——基于 Y 村和 H 村的个案比较研究》，《中国农业大学学报》（社会科学版）2010 年第 4 期。

［4］丁占罡：《我国信息公平问题研究述评》，《图书情报工作》2010 年第 2 期。

［5］范并思：《论信息公平的制度选择》，《图书馆》2007 年第 4 期。

［6］范并思：《现代图书馆理念的艰难重建——写在〈图书馆服务宣言〉发布之际》，《中国图书馆学报》2008 年第 6 期。

［7］付少平：《农业技术传播中的知识沟现象分析》，《科学学与科学技术管理》2002 年第 12 期。

［8］高芙蓉：《信息技术接受模型研究的新进展》，《情报杂志》2010 年第 6 期。

［9］胡鞍钢：《建立知识经济基础，促进中国社会转型》，《中国软科学》2002 年第 6 期。

［10］胡鞍钢、李春波：《新世纪的新贫困：知识贫困》，《中国社会科学》2001 年第 3 期。

［11］胡鞍钢、熊义志：《我国知识发展的地区差距分析：特

点、成因及对策》,《管理世界》2000 年第 3 期。

[12] 胡鞍钢、熊义志:《中国的长远未来与知识发展战略》,《中国社会科学》2003 年第 2 期。

[13] 胡鞍钢、周绍杰:《新的全球贫富差距:日益扩大的"数字鸿沟"》,《中国社会科学》2002 年第 3 期。

[14] 黄红敏、黄国洪:《欠发达地区跨越"数字鸿沟"促义务教育均衡发展的探索——以肇庆市的"联动模式"为例》,《中国电化教育》2010 年第 10 期。

[15] 黄金、赵冬梅:《我国数字鸿沟散敛发展趋势研究》,《情报杂志》2010 年第 9 期。

[16] 蒋永福、刘鑫:《论信息公平》,《图书与情报》2005 年第 6 期。

[17] 蒋永福、刘鑫:《论信息公平(1)》,《图书与情报》2006 年第 1 期。

[18] 荆林波:《信息技术产业发展与实现普遍接入到普遍服务的飞跃》,《管理世界》2003 年第 6 期。

[19] 赖茂生、杨秀丹、徐波、胡晓峰:《信息资源开发利用在国家信息化中的核心地位分析》,《情报理论与实践》2004 年第 6 期。

[20] 李超平、刘兹恒:《论公共图书馆事业与城市文化战略的互动关系》,《中国图书馆学报》2004 年第 1 期。

[21] 李春玲:《当代中国社会的声望分层——职业声望与社会经济地位指数测量》,《社会学研究》2005 年第 2 期。

[22] 李后卿:《我国网络信息资源区域配置中的数字鸿沟研究》,中南大学,博士学位论文,2009 年。

[23] 李潇:《我国区域数字鸿沟影响因素测度及政策建议》,博士学位论文,北京邮电大学,2010 年。

[24] 刘娟、叶敬忠:《农村互联网的拥有和使用:有关发展的思考》,《中国农业大学学报》(社会科学版)2010 年第 4 期。

[25] 刘亚:《教育对青少年信息贫困的影响研究》,博士学位论文,南开大学,2012 年。

［26］刘芸：《基于经济视角的国际数字鸿沟研究》，博士学位论文，厦门大学，2006 年。

［27］陆俊、陈能华：《信息公平与信息平等研究综述》，《图书情报工作》2010 年第 8 期。

［28］罗德隆：《跨越数字鸿沟》，《情报学报》2005 年第 5 期。

［29］罗江华：《教育资源数字化的价值取向研究》，博士学位论文，西南大学，2008 年。

［30］邱林川：《信息"社会"：理论、现实、模式、反思》，北京论坛（2007）文明的和谐与共同繁荣——人类文明的多元发展模式："多元文化、和谐社会与可选择的现代性：新媒体与社会发展"论文集，2007 年。

［31］任贵生：《韩国缩小数字鸿沟的举措及启示》，《管理世界》2006 年第 7 期。

［32］任贵生、李一军：《欧盟缩小数字鸿沟的策略及对我们的启示》，《管理世界》2006 年第 5 期。

［33］任贵生、李一军：《"社会均衡器"：公益类基础设施的存在与价值——公共图书馆在美国缩小数字鸿沟中作用的考察》，《中国软科学》2006 年第 2 期。

［34］时间、张延林、雷鸣：《"数字鸿沟"对西部大开发战略的启示》，《科学学与科学技术管理》2002 年第 8 期。

［35］孙贵珍：《河北省农村信息贫困问题研究》，博士学位论文，河北农业大学，2010 年。

［36］孙冉：《我国信息分化状态的类比评价》，《情报杂志》2007 年第 3 期。

［37］汪明峰：《互联网使用与中国城市化——"数字鸿沟"的空间层面》，《社会学研究》2005 年第 6 期。

［38］汪明峰：《网络空间的生产与消费》，博士学位论文，华东师范大学，2005 年。

［39］汪明峰、邱娟：《中国互联网用户增长的省际差异及其收敛性分析》，《地理科学》2011 年第 1 期。

［40］王恩海、孙秀秀、钱华林：《中国互联网发展的差异研

究》,《统计研究》2006 年第 8 期。

[41] 韦路、李贞芳:《数字电视在中国大陆的采用:一个结构方程模型》,《新闻与传播研究》2007 年第 2 期。

[42] 韦路、李贞芳:《新旧媒体知识沟效果之比较研究》,《浙江大学学报》(人文社会科学版)2009 年第 2 期。

[43] 吴慰慈:《公共图书馆在构建和谐社会中的作用》,《图书馆》2006 年第 1 期。

[44] 谢俊贵:《信息环境共享的信息社会学论析》,《中国图书馆学报》2009 年第 3 期。

[45] 谢阳群、汪传雷:《数字鸿沟与信息扶贫》,《情报理论与实践》2001 年第 6 期。

[46] 薛伟贤、张飞燕:《我国数字鸿沟的区域分布分析》,《情报学报》2009 年第 5 期。

[47] 闫慧:《社群信息学:一个值得关注的新兴领域》,《图书情报工作》2010 年第 4 期。

[48] 闫慧:《数字鸿沟研究的未来:境外数字不平等研究进展》,《中国图书馆学报》2011 年第 4 期。

[49] 闫慧:《1989 年以来国内外数字鸿沟研究回顾:内涵、表现维度及影响因素综述》,《中国图书馆学报》2012 年第 5 期。

[50] 于良芝:《理解信息资源的贫富分化:国外"信息分化"与"数字鸿沟"研究综述》,《图书馆杂志》2005 年第 12 期。

[51] 于良芝:《公共图书馆存在的理由:来自图书馆使命的注解》,《图书与情报》2007 年第 1 期。

[52] 于良芝:《整体性社会理论及其对信息不平等研究的适用性——以布迪厄的社会理论为例》,《上海高校图书情报工作研究》2011 年第 1 期。

[53] 于良芝、刘亚:《结构与主体能动性:信息不平等研究的理论分野及整体性研究的必要》,《中国图书馆学报》2010 年第 1 期。

[54] 于良芝、陆行素、郝玉峰:《从信息政治经济学视角看公共图书馆发展的社会环境》,《中国图书馆学报》2002 年第 4 期。

［55］于良芝、罗润东、郎永清、戈黎华：《建立面向新农民的农村信息服务体系：天津农村信息服务现状及对策研究》，《中国图书馆学报》2007 年第 6 期。

［56］于良芝、俞传正、樊振佳、张瑶：《农村信息服务效果及其制约因素研究：农民视角》，《图书馆杂志》2007 年第 9 期。

［57］于良芝、张瑶：《农村信息需求与服务研究：国内外相关文献综述》，《图书馆建设》2007 年第 4 期。

［58］于良芝：《"个人信息世界"——一个信息不平等概念的发现与阐释》，《中国图书馆学报》2013 年第 1 期。

［59］于良芝：《图书馆学导论》，科学出版社 2003 年版。

［60］俞立平：《地区信息资源差距与经济增长关系研究》，博士学位论文，南京农业大学，2007 年。

［61］俞立平、周曙东、钟钰：《基于 PANEL DATA 的中国互联网发展影响因素分析》，《中国软科学》2007 年第 5 期。

［62］袁勤俭：《数字鸿沟的危害性及其跨越策略》，《中国图书馆学报》2007 年第 4 期。

［63］曾凡斌：《大学生第二道数字鸿沟的测量及影响因素研究》，《现代传播》（中国传媒大学学报）2011 年第 2 期。

［64］周文杰：《定格分化中的信息世界：国外数字鸿沟测度模型述评》，《中国信息界》2011 年第 12 期。

［65］周文杰：《国外信息行为研究十年：领域、热点和特征》，《情报学报》2012 年第 5 期。

［66］周文杰、闫慧、韩圣龙：《基于信息源视野理论的信息贫富分化研究》，《中国图书馆学报》2015 年第 1 期。

［67］周文杰：《公益性信息服务能够促进信息公平吗？——公共图书馆对信息贫富分化的干预效果考察》，《中国图书馆学报》2015 年第 4 期。

［68］周文杰、白钰：《信息减贫语境中的公共图书馆：职能与定位》，《中国图书馆学报》2017 年第 1 期。

［69］周文杰：《走向用户中心：公共图书馆体系对个体发展影响的理论解读》，《国家图书馆学刊》2017 年第 1 期。

［70］ Agosto D. E., "The Digital Divide & Public Libraries: a First-hand View", *Progressive Librarian*, No. 25, 2005.

［71］ Agosto D. E., "Hughes - Hassell S. Toward a Model of the Everyday Life Information Needs of Urban Teenagers, Part 1: Theoretical Model", *Journal of the American Society for Information Science and Technolog*, Vol. 57, No. 10, 2006.

［72］ Anderson K. A., "Simpson C. D., Fisher L. G.. The Ability of Public Library Staff to Help Homeless People in the United States: Exploring Relationships, Roles and Potential", *Journal of Poverty & Social Justice*, Vol. 20, No. 2, 2012.

［73］ Azari R., Pick J. B.. "Understanding Global Digital Inequality: The Impact of Government, Investment in Business and Technology, and Socioeconomic Factors on Technology Utilization, Proceedings of the 42nd Annual Hawaii International Conference on System Sciences", Waikoloa, *Hawaii: IEEE Computer Society*, January 5-8, 2009.

［74］ Belkin N. J., "Information Concepts for Information Science", *Journal of Documentation*, Vol. 34, No. 1, 1978.

［75］ Belkin N. J., "The Cognitive Viewpoint in Information Science", *Journal of Information Science*, Vol. 16, No. 1, 1990.

［76］ Belkin N. J., "Oddy R. N.. ASK for Information Retrieval. Part I: Background and Theory", *Journal of Documentation*, Vol. 38, No. 2, 1982.

［77］ Belkin N. J., "Oddy R. N.. ASK for Information Retrieval. Part II. Results of a Design Study", *Journal of Documentation*, Vol. 38, No. 2, 1982.

［78］ Bourdieu P., *Reproduction in Education, Society and Culture* (2nd ed.), Thousand Oaks: Sage Publications, 1990.

［79］ Brookes B. C., "The Foundations of Information Science. Part I. Philosophical Aspects", *Journal of Information Science*, Vol. 2, No. 3, 1980.

［80］ Burnett G., Besant M., Chatman E. A., "Small Worlds:

Normative Behavior in Virtual Communities and Feminist Bookselling", *Journal of the American Society for Information Science & Technology*, Vol. 52, No. 7, 2001.

[81] CaidiN A. D., "Social Inclusion of Newcomers to Canada: An information problem", *Library& Information Science Research*, Vol. 27, 2005.

[82] Chatman E. A., "Life in a Small World: Applicability of Gratification Theory to Information Seeking Behavior", *Journal of the American Society for Information Science*, Vol. 42, No. 6, 1991.

[83] Chatman E. A., "A Theory of Life in the Round", *Journal of the American Society for Information Science*, Vol. 50, No. 3, 1999.

[84] Cole C., "Information as Process. The Difference Between Corroborating Evidence and 'Information' in Humanistic Research Domains", *Information Processing and Management*, Vol. 33, No. 1, 1997.

[85] Cole C., Leide J., Beheshti J., Large A., Brooks M., "Investigating the Anomalous States of Knowledge Hypothesis in a Real − life Problem Situation: A Study of History and Psychology Undergraduates Seeking Information for a Course Essay", *Journal of the American Society for Information Science & Technology*, Vol. 56, No. 14, 2005.

[86] Coleman J. S., "Social Capital in the Creation of Human Capital", *American Journal of Sociology*, Vol. 94, 1988.

[87] DeMaagd K., Chew H. E., Huang G., Khan M. L., Sreenivasan A., LaRose R., "The Use of Public Computing Facilities by Library Patrons: Demography, Motivations, and Barriers", *Government Information Quarterly*, Vol. 30, No. 1, 2013.

[88] Dervin B., "Communication Gaps and Inequities: Moving Toward a Reconceptualization", in B. Dervin & M. Voigt (Eds), *Progress in communication sciences*, Norwood, NJ: Ablex, 1980.

[89] Dervin B., "Sense−making Theory and Practice: an Voerview of User Interests in Knowledge Seeking and Use", *Journal of Knowledge Management*, Vol. 2, No. 2, 1998.

［90］Dervin B. ,"On Studying Information Seeking Methodologically: the Implicaitons of Connectiong Metatheory to Method", *Information Processing & Management*, Vol. 35, 1999.

［91］Dimaggio P. , Hargittai E. , Celeste Cea, *Digital Inequality: from Unequal Access to Differentiated Use*, Neckerman K. M. Social Inequality New York: Russell Sage, 2004.

［92］DiMaggio P. , Hargittai E. , Neuman W. ,"Social Implication of the Internet", *Annual review of Sociology*, Vol. 27, 2001.

［93］Doctor R. D. ,"Information Technologies and Social Equity: Confronting the Revolution", *Journal of the American Society for Information Science*, Vol. 42, No. 3, 1991.

［94］Donohue G. A. , Tichenor P. J. , Olien C. N. , "Massmedia and the Knowledge Gap: a Hypothes is Reconsidered", *Communication Research*, No. 2, 1975.

［95］Fidel R. , Green M. ,"The Many Faces of Accessibility: Engineers' Perception of Informationsources", *Information Processing & Management*, Vol. 40, No. 3, 2004.

［96］Fisher K. E. ,"Information Behavior", *Annual Review of Information Science and Technology*, Vol. 43, No. 1, 2011.

［97］Ford N. ,"Modeling Cognitive Processes in Information Seeking: From Popper to Pask", *Journal of the American Society for Information Science & Technology*, Vol. 55, No. 9, 1999.

［98］Fuchs C. ,"The Role of Income Inequality in a Multivariate Cross-national Analysis of the Digital Divide", *Social Science Computer Review*, Vol. 27, No. 1, 2009.

［99］Granovetter M. ,"The Strength of Weak Ties: a Network Theory Revisited", *Sociological Theory*, Vol. 1, 1983.

［100］Gross M. , Latham D. ,"Attaining Information Literacy: An Investigation of the Relationship Between Skill Level, Self-estimates of Skill, and Library Anxiety", *Library & Information Science Research*, Vol. 29, No. 3, 2007.

［101］Hanafizadeh P. , Hanafizadeh M. R. , Khodabakhshi M. , "Extracting Core ICT Indicators Using Entropy Method", *Information Society*, Vol. 25, No. 4, 2009.

［102］Haythornthwaite C. , "Ocial Network Analysis: An Approach and Technique for the Study of Information Exchange", *Library and Information Science Research*, No. 18, 1996.

［103］Hsieh P. A. , *Leverage Points for Addressing Digital Inequality: An Extended Theory of Planned Behavior Perspective*, Atlanta: Georgia State University, 2005

［104］Hsieh P. A. , Rai A. , Keil M. , "Understanding Digital Inequality: Comparing Continued Use Behavioral Models of the Socio-economically Advantaged and Disadvantaged", *MIS Quarterly*, Vol. 32, No. 1, 2008.

［105］Huotari M. -L. , Chatman E. , "Using Everyday Life Information Seeking to Explain Organizational Behavior", *Library & Information Science Research*, Vol. 23, No. 4, 2001.

［106］Hyldegard J. , "Beyond the Search Process - exporing Group Members'Information Behavior Incontext", *Information Process & Mangement*, Vol. 45, 2009.

［107］Jaeger P. T. , Bertot J. C. , Gorham U. , "Wake Up the Nation: Public Libraries, Policy Making, and Political Discourse", *Library Quarterly*, Vol. 83, No. 1, 2013.

［108］Jaeger P. T. , Bertot J. C. , Thompson K. M. , Katz S. M. , DeCoster E. J. , "The Intersection of Public Policy and Public Access: Digital Divides, Digital Literacy, Digital Inclusion, and Public Libraries", *Public Library Quarterly*, Vol. 31, No. 1, 2012.

［109］Johnson C. A. , "Social Capital and the Search for Information: Exam Ining the Role of Social Capital in Information Seeking Behavior in Mongolia", *Journal of The American Society For Information Science and Technology*, Vol. 58, No. 6, 2007.

［110］Julien H. , Michels D. , "Intra-individual Information Behaviour in Daily Life", *Information Processing & Management*, Vol. 40, No. 3, 2004.

[111] Kari J., Savolainen R., "Relationships Between Information Seeking and Context: A Qualitative Study of Internet Searching and the Goals of Personald Evelopment", *Library & Information Science Research*, Vol. 29, 2007.

[112] Kuhlthau C. C., "Inside the Search Process: Information Seeking from the User's Perspective", *Journal of the American Society for Information Science*, Vol. 42, No. 5, 1991.

[113] Kuhlthau C. C., "A Principle of Uncertainty for Information Seeking", *Journal of Documentation*, Vol. 49, No. 4, 1993.

[114] Kuhlthau C. C., "The Role of Experience in the Information Search Process of an Early Career Information Worker: Perceptions of Uncertainty, Complexity, Construction, and Sources", *Journal of the American Society for Information Science*, Vol. 50, No. 5, 1999.

[115] kuhlthau C. C., Tama S. L., "Information Search Process of Lawyers: a Call for 'Just for Me' Information Services", *Journal of Documentation*, Vol. 57, No. 1, 2001.

[116] Lievrouw L. A., Farb, S. E., "Information and Equity", *Annual Review of Information Science and Technology*, Vol. 37, 2003.

[117] Mossberger K., Tolbert C. J., Stansbury M., *Virtual Inequality: Beyond the Digital Divide*, Washington DC: Georgetown University Press, 2003.

[118] Ono H., Zavodny M., "Digital inequality: A Five Country Comparison Using Microdata", *Social Science Research*, Vol. 36, No. 3, 2007.

[119] Pettigrew K. E., Fidel R., H. B., "Conceptual Frame Work in Information Behavior", *Annual Review of Information Science and Technology*, No. 35, 2001.

[120] Qiu J. L., *Working - class Network Society: Communication Technology and the Information Have-less in Urban China*, Cambridge: MIT

Press, 2009.

[121] Savolainen R., "Information Use as Gap-bridging: The View-point of Sense-Making methodology", *Journal of the American Society for Information Science & Technology*, Vol. 57, No. 8, 2006.

[122] Savolainen R., "Information Source Horizons and Source Preferences of Environmental Activists: A Social Phenomenological Approach", *Journal of the American Society for Information Science & Technology*, Vol. 58, No. 12, 2007.

[123] Savolainen R., "Filtering and Withdrawing: Strategies for Coping with Information Overload in Everyday Contexts", *Journal of Information Science*, Vol. 33, No. 5, 2007.

[124] Savolainen R., "Source Preferences in the Context of Seeking Problem-specific Information", *Information Processing & Management*, Vol. 44, No. 1, 2008.

[125] Savolainen R., "Interpreting Informational Cues: An Explorative Study on Information Use Among Prospective Homebuyers", *Journal of the American Society for Information Science & Technology*, Vol. 60, No. 11, 2009.

[126] Savolainen R., "Information Use and Information Processing: Comparison of Conceptualizations", *Journal of Documentation*, Vol. 65, No. 2, 2009.

[127] Savolainen R., "Asking and Sharing Information in the Blogosphere: The Case of Slimming Blogs", *Library & Information Science Research* (07408188), Vol. 33, No. 1, 2011.

[128] Savolainen R., Kari J., "Placing the Internet in Information Source Horizons. A Study of Information Seeking by Internet Users in the Context of Self-development", *Library & Information Science Research* (07408188), Vol. 26, No. 4, 2004.

[129] Sittel R., "Public Libraries & the Internet", *Government Information Quarterly*, Vol. 29, No. 2, 2012.

[130] Williams K., "Information Moments: Digital Literacy and So-

cial Capital in Civil Society and People's Everyday Lives", *Library Quarterly*, 2011.

[131] Wilson T. D. , "On User Studies and Information Needs", *Journal of Documentation*, Vol. 37, No. 1, 1981.

[132] Yakubovich V. , "Weak Ties, Information, and Influence: How Workers Find Jobs in a Local Russian Labor Market", *American Sociological Review*, Vol. 70, 2005.

[133] Yu L. , "Understanding Information Inequality: Making Sense of the Literature of the Information and Digital divides", *Journal of Librarianship & Information Science*, Vol. 38, No. 4, 2006.

[134] Yu L. , "How Poor Informationally are the Information Poor? Evidence From an Empirical Study of Daily and Regular Information Practices of Individuals", *Journal of Documentation*, Vol. 66, No. 6, 2010.

[135] Yu L. , "Information Worlds of Chinese Farmers and Their Implications for Agricultural Information Services: a Fresh Look at Ways to Deliver Effective Services", 　Paper presented at the World Library and Information Congress: 76th IFLA General Conference And Assembly, 10－15 August 　, Gothenburg, Sweden http: //wwwiflaorg/files/hq/papers/ifla76/85-yu-enpdf, 2010.

[136] Yu L. , "Towards a Reconceptualization of the 'information Worlds of Individuals'", *Journal of Librarianship and Information Science*, Vol. 10, 2011.

[137] Yu L. , "The Divided Views of the Information and Digital Divides: A Call for Integrative Theories of Information Inequality", *Journal of Information Science*, Vol. 37, No. 6, 2011.

[138] Yu L. , Xu J. , "The Political Economy of Public Library Development in post-1978 People's Republic of China", *Libri: International Journal of Libraries & Information Services*, Vol. 56, No. 2, 2006.

后　记

　　本书的主体部分是我近年来针对信息社会问题和图书馆服务活动进行研究和思考的结果。出版本书的直接原因则是，在博士后阶段的研究中，我越来越明显地感受到将图书馆学理论研究社区和图书馆职业实践活动紧密衔接的必要性和紧迫性。本书所述的"六论"事实上反映了信息社会背景下公共图书馆的"五大转型"及其社会背景。"六论"中的相当部分源自我在博士到博士后两个阶段的研究。在博士阶段，我有幸就读于于良芝教授门下，得到了于老师的悉心指导。在博士后阶段，曹树金教授和李东来研究馆员作为我的合作导师，不仅深入、细致地指导我开展研究工作，还不遗余力地为我创造了良好的研究条件。在博士后研究项目的开题和中期考核中，中山大学资讯管理学院的龙乐思教授、黄晓斌教授、潘燕桃教授及东莞图书馆的冯玲研究馆员给予了诸多中肯的建议，令我获益良多。此外，西北师范大学商学院院长张永丽教授、东莞图书馆的张利娜副研究馆员等领导和同事为我提供了良好的工作和生活条件，中国博士后科学基金则为本书提供了经费支持，在此一并表示诚挚的谢意！

　　对我而言，本书的出版意味着博士后研究项目的结束，但也意味着研究工作一个新的开始。本书所述及的六个问题在我的思维之中并没有终结，这些问题或许将在今后许多年内都萦绕于我的头脑，而来自专家、同行和读者的评点、鼓励、质疑甚至批评都无疑将成为我继续前行的动力。

周文杰

2016 年 7 月于兰州